DANI DI MAGGIO

CREA IL MEGLIO DI TE

Come Visualizzare La Tua Migliore Versione e Interpretarla Utilizzando Le Tecniche Dell'Attore

Titolo

"CREA IL MEGLIO DI TE"

Autore

Dani Di Maggio

Editore

Bruno Editore

Sito internet

http://www.brunoeditore.it

Sommario

Introduzione

Questo libro si pone l'obiettivo di aprire al lettore la possibilità di trasformarsi nella sua migliore versione. Per fare ciò si comincia con tutto un lavoro di coscienza iniziale dove, usando la metafora del teatro, ci rendiamo conto che noi siamo degli attori che scelgono di rappresentare un personaggio e una volta che entriamo in scena diventiamo il personaggio.

Succede che se per un tempo si recita un personaggio si finisce con l'identificarcisi, dimenticando quella che è l'essenza vera, ossia che siamo l'attore che sta dietro alla maschera e che volendo possiamo interpretare altri ruoli e altri personaggi.

Apprenderai quindi a toglierti questa maschera e a interpretare il ruolo che più ti aggrada in questo momento, sapendo che sempre, più avanti, lo potrai cambiare. Quando diciamo "Io sono fatto così", in realtà non stiamo considerando le infinite possibilità che possediamo di cambiare e di trasformarci, ed esempi reali ne abbiamo davvero tanti.

Possiamo leggere di persone timide che diventano grandi oratori, persone con limitazioni alla vista che vincono medaglie olimpioniche di sci o persone rigide che diventano fantastici atleti acrobatici.

Qual è il segreto di tutte queste persone? La volontà forte di arrivare alla meta, senza avere un piano B. Per cui, ciò che apprenderai attraverso queste pagine è chiarire la tua posizione, percepire che sei uno spirito grande intrappolato in un personaggio fisico, e che sei libero di spostarti dove tu vuoi, con il solo apprendere la maniera per farlo e utilizzando le tecniche che usa l'attore quando crea un personaggio.

Quello che l'attore fa in pratica è visualizzare il suo personaggio, studiare le persone simili per apprendere i loro schemi mentali ed emotivi, combinare nuovi elementi basici della personalità come il modo di camminare, di esprimersi, di guardare, di pensare e di sentire, fino ad essere una sola persona col suo personaggio.

Alcuni potranno obiettare che finisci per non essere più tu. Però a questo punto la domanda a cui dovrai dare una risposta è: chi sei tu realmente? Sei il personaggio che stai interpretando o l'attore che sta dietro?

E se sei l'attore, il responsabile di tutto questo processo, come puoi apprendere la maniera di cambiare e interpretare i vari ruoli? Lo scoprirai continuando a leggere i capitoli di questo libro, sapendo che sempre avrai la possibilità di contattarmi per poter avanzare rapidamente nel tuo percorso di trasformazione.

Questo è il regalo più bello che puoi farti perché ti dà la libertà dal tuo Ego, sapendo che il tuo essere va più in là della limitazione del tuo Io, che a volte si sente isolato e bisognoso di attenzioni e di amore, per trasformarlo in qualcosa di davvero grande, dove il limite sarà la tua semplice immaginazione.

Ti aspetto in questo viaggio che rappresenta l'approfondimento del percorso attraverso il terzo chakra di cui ti ho parlato nel mio primo libro, *Il viaggio interiore*, dove approfondisco il tema del potere interiore, per fare un salto quantico in cui tutte le possibilità saranno davanti a te.

L'unica cosa che ti rimane da fare è scegliere la versione che più senti di aver voglia di percorrere in questo momento, sapendo che sempre hai altre infinite possibilità tra cui scegliere, in ogni momento della tua vita. Non è fantastico? Cominciamo il nostro viaggio.

Capitolo 1:
Dove tutto ha origine

"È fondamentale creare l'immagine di ciò che desiderate essere e prestarle molta attenzione e come per magia la attrarrete a voi".

Carlos

1.1. Costruendo la mia personalità.

Ero da pochi giorni giunto a Milano, dalla mia amata Sicilia, quando cominciò la mia ricerca di lavoro. Ero partito con tanta speranza di trovare il lavoro che sempre avevo desiderato: lavorare nel marketing di una multinazionale, presenziare a riunioni con persone provenienti da tutto il mondo, parlare in inglese, viaggiare.

Molti amici, che si erano trasferiti a Milano, mi dicevano che era la miglior piazza per trovare un lavoro e io avevo grandi aspettative. Fu così che seguii i consigli di una grande amica siciliana che viveva lì, Denise, che mi spingeva a fare il passo di trasferirmi nella grande città.

In più, mi avrebbe ospitato alcuni giorni finché non avessi trovato una sistemazione. Per cui, quando arrivai già mi sentivo come a casa, grazie alla sua maniera calorosa di accoglienza.

In più cominciò a farmi uscire con i suoi amici, a mostrarmi le cose tipiche milanesi come l'happy hour, ossia un aperitivo con un self-service di cibo appetitoso e che molte volte si rivelò un modo stuzzicante di risolvere la cena.

Passati pochi giorni iniziai la mia ricerca di lavoro inviando i famosi curriculum vitae. Selezionai imprese grandi, multinazionali, settori vari tra cui anche quello bancario. E cominciai la mia avventura proprio con un lavoro a tempo determinato in Citybank.

La sede era stupenda, in un grattacielo tutto specchi vicino al parco Venezia. Mi sembrava di vivere in un film americano. Il mio ruolo era quello di seguire il lancio di una nuova carta di credito la cui caratteristica era inserire la foto del proprietario per evitare che qualcuno che ne venisse in possesso potesse utilizzarla.

La parte più difficile del mio trasferimento non fu tanto trovare un lavoro quanto un alloggio. Infatti, già era passata una settimana, la mia amica doveva fare un viaggio di lavoro e non potevo rimanere in casa sua, che tra l'altro condivideva con altre ragazze che potevano infastidirsi della presenza di un uomo a lungo termine, per cui cominciai a cercare e in giro vedevo solo stanze molto care, male arredate e con persone poco simpatiche.

Dopo tante visite e tante peripezie riuscii a trovare una camera in condivisione con un ingegnere napoletano. Non era esattamente quello che volevo, però per il momento poteva andar bene. L'altra stanza invece era condivisa da due ragazzi belgi in Erasmus.

Passarono i mesi, il contratto a termine già terminava e tuttavia mi sentivo in bilico tra un lavoro instabile, una convivenza dove non avevo il mio spazio personale, in una città dove tutti erano assorbiti dalle tante attività che prometteva e con tanta voglia di trovare il mio equilibrio.

Continuavo la ricerca di un lavoro stabile fino a quando mi chiamarono per un colloquio in Unilever, una famosa multinazionale nel settore del largo consumo. Pensavo che fosse come gli altri colloqui, una semplice chiacchierata con il direttore delle risorse umane per poi sapere l'esito.

Invece, dopo aver fatto test psico-attitudinali e colloqui con psicologi, mi invitarono a trascorrere tutto un giorno di valutazione che consisteva in una presentazione di 10 minuti su un progetto personale, entrando nella stanza al buio con solo un proiettore e un computer davanti a tutti i direttori e i marketing manager della società, per poi passare a un role playing con gli altri candidati, dove ognuno doveva difendere la propria posizione, sempre osservati da tutti i membri decisionali e infine un colloquio aperto a tavola rotonda per concludere la giornata.

Mi confrontavo con persone che avevano studiato alla Bocconi, fatto master e io, con la mia laurea in Economia all'Università di Palermo, non potevo aspirare a entrarvi. Già era molto se mi avevano invitato alla selezione.

Rientrai a casa stremato dopo la giornata di colloquio, e mi chiamarono giusto dalla Unilever chiedendomi se avevo voglia di far parte del loro gruppo di lavoro. Ricordo che appena chiusi la conversazione mi misi a saltare sul letto dalla gioia. Non ci potevo credere. Un grande sogno si era realizzato.

È davvero strano come quando sei allineato con un proposito e metti tutta l'energia possibile affinché questo si realizzi, prima o poi i risultati arrivano. È solo questione di avere fede e crederci veramente e io non avevo mai smesso di farlo.

"Tutto questo però cosa c'entra con la creazione della migliore versione e con le tecniche dell'attore?" ti starai chiedendo. In realtà, quando cominciai a lavorare nel marketing mi misero su un progetto del lancio dell'anno dell'azienda: il nuovo shampoo *Dove*, per idratare i capelli.

E tutto questo, a parte il bisogno di una parte strategica, richiedeva anche presentazioni efficaci davanti alla forza di vendita e io ero molto impacciato, timido, insicuro, mi tremava la voce a parlare davanti a tante persone e non sapevo come risolvere questo problema, per cui pensai che iniziare un training di teatro mi avrebbe aiutato ad avere più coscienza del mio corpo, a gestire meglio le presentazioni in pubblico e superare i miei blocchi.

E fui davvero fortunato perché giusto vicino al mio ufficio trovai una scuola di teatro, molto singolare, però allo stesso tempo decisamente accattivante.

Da lì comincia tutta la mia storia con il mio allenamento teatrale che mi fece scoprire un mondo nascosto e affascinante che ciascuno di noi può trovare.

Fu in questa occasione che conobbi Carlos, il mio nuovo insegnante di teatro, o, più che insegnante, maestro.

1.2. Apprendendo da un maestro.

Ricordo ancora il giorno in cui andai a informarmi sul corso di teatro, avendo visto nel portone un fogliettino pubblicitario. Era un palazzo comune. Citofonai, mi aprirono senza dirmi nulla, per cui entrai e vidi una porta aperta al pianterreno.

Entrai e vidi al fondo del corridoio una luce soffusa. Era un luogo ameno, pieno di figure teatrali e di maschere di ogni parte del mondo poste alle pareti. Un odore di incenso e polvere insieme.

Un luogo senza tempo. Chiesi permesso ed entrai nella sala dove un uomo anziano con barba bianca e occhialini stava leggendo un libro seduto su una poltrona gigante apparentemente molto comoda.

Gli domandai informazioni circa i corsi di teatro.

– Qual è la ragione per cui ti piacerebbe apprendere l'arte della recitazione? mi domandò.

– Sinceramente ho pensato che questo lavoro mi potrebbe aiutare a superare alcuni limiti che ho con il presentare in pubblico nelle riunioni con le vendite e darmi maggiore sicurezza e postura.

– Quindi ti piacerebbe metterti una maschera che possa compiacere al tuo pubblico in azienda e sentirti dire dal tuo capo che hai fatto un'ottima presentazione.

– Sssì, non avevo pensato al tema della maschera però sì, è

questo che mi piacerebbe raggiungere.

– Sai, ognuno di noi porta con sé una maschera. Di fatto la parola personalità deriva dal greco πρόσωπον (prósōpon) che indica la maschera dell'attore e il personaggio rappresentato. Tutti noi rappresentiamo un personaggio, solo che lo facciamo in maniera incosciente.

-- Questo significa che potremmo farlo anche in maniera cosciente?

-- Certamente. L'importante è che l'attore non si creda poi di essere il personaggio entrando troppo nella parte, dimenticando la sua vera essenza.

-- Di quale essenza parla signore?

-- Dell'essenza divina.

Restai un poco in silenzio. Eravamo entrati in una conversazione molto profonda e non ci eravamo neanche presentati.

– Mi farebbe piacere partecipare a delle classi di teatro, solo se fosse così gentile da spiegarmi chi è il professore, che tecnica usa, quali sono gli strumenti utilizzati.

–   Mi spiace caro amico. Prima di cominciare la classe dovrai fare un colloquio con l'insegnante per vedere se sei adatto a partecipare ai corsi che impartiamo nella nostra scuola.

–   Va bene. Quand'è disponibile l'insegnante per fare un colloquio? Io posso solitamente per la pausa pranzo perché lavoro da mattina a sera.

–   Sarà domani allora, durante la pausa pranzo.

–   Grazie mille. Tornerò domani. Buona giornata.

Lo lasciai immerso nella sua lettura in quest'atmosfera senza tempo. Quella breve conversazione mi aveva già fatto riflettere su come realmente siamo sempre alla ricerca di una maschera e di volerla migliorare per farci apprezzare e amare di più dall'esterno.

Di fatto a quest'uomo non importava molto avere clienti perché non si era preoccupato per nulla di prendere i miei dati o di essere convincente affinché io mi iscrivessi, anzi tutto il contrario. Si vedeva che era un impiegato che riceveva un fisso e poco gli interessava di quante persone seguissero i corsi.

1.3. Perché la tecnica dell'attore.

Il giorno successivo ritornai nello stesso posto, e fu come un flashback perché si ripeté la stessa scena. Suonai il campanello, mi aprirono senza rispondere, entrai nel portone, la porta aperta, la luce accesa al fondo.

Chiesi permesso ed entrai nuovamente. Ritrovai esattamente la stessa immagine del giorno prima. Lo stesso signore anziano questa volta ordinando vari oggetti nella sala. Lo salutai e chiesi se il professore era in classe per fare il colloquio.

– Sì, certo, sono io l'insegnante. Comincia a scegliere degli oggetti e a creare il tuo personaggio.
– Come, scusi?

Ero tra l'incredulo e il molesto, non capivo cosa stesse succedendo. Se era lui l'insegnante perché non me lo aveva detto il giorno prima, anziché parlare del professore come se fosse un'altra persona?

– Avanti, scegli degli oggetti per creare il tuo personaggio.

Smisi di pensare e mi misi nell'azione. Già che ero lì, volevo godermi questo momento di gioco. Cominciai a scegliere tra gli oggetti che c'erano a disposizione.

Ovvero, uno scettro da re, un mantello nobile, una camicia bianca molto pomposa e iniziai a indossarli, presi anche dei baffi posticci e me li misi per darmi un'aria più maestosa e con tutto questo cominciai ad andare in giro per la stanza osservandomi in un grande specchio che padroneggiava la stanza.

Iniziammo a creare storie di re e di cavalieri, passando a drammi domestici e a risa di amici da bar. Tutto sembrava reale, abbandonati completamente alla musa dell'immaginazione.

Fu in quel momento che quell'uomo misterioso che mi aveva permesso di viaggiare nel tempo e nello spazio mi disse: "Oggi hai appreso la prima lezione importante: esistono multiple personalità che convivono dentro di noi, solo devi scegliere quella che più ti aggrada e darle voce, espressione, vita".

Capii che avevo già cominciato il mio training da attore con lui.

–   La vita è come un'opera di teatro e noi siamo gli attori che interpretano una parte.

Quello che succede a molti di noi è che ci identifichiamo nel personaggio e ci dimentichiamo che in realtà siamo gli attori e che in qualsiasi momento possiamo decidere di cambiare il nostro ruolo, sempre che il regista sia d'accordo, poiché è colui che dirige l'andamento generale di tutta l'opera maestra.

Quello che apprenderai qui sarà conoscere come cambiare la maschera in una maniera facile senza identificartici, acquisendo la capacità di cambiarla.

A volte siamo come gli scimpanzé che infilano la mano in una cassa per appropriarsi della banana e una volta che è nelle loro mani non la mollano, e questo impedisce loro di liberare il braccio, e vengono facilmente catturati dai cacciatori.

Spesso non molliamo la nostra personalità, la nostra maschera, anche davanti all'imminente pericolo di perdere tutto ciò che abbiamo. Pensiamo che questa maschera ci appartenga, costi quel che costi.

– Bene, la ringrazio molto per questa divertente introduzione. Ho appreso molto di più in un'ora di questo lavoro che in molti libri e lezioni di sviluppo personale. La ringrazio molto. Ah, il mio nome è Dani.

– Piacere –, mi rispose, guardandomi dritto negli occhi con un'intensità profonda – il mio nome su questa terra è Carlos.

Lasciai quel luogo pieno di energia per ritornare alla vita reale di sempre, con i colleghi, con le preoccupazioni, con le ansietà di portare avanti sempre la stessa maschera, adesso con un sorriso sotto i baffi, come se un velo si fosse dispiegato davanti a me.

Ora sapevo che io avevo l'opportunità di scegliere, non ero più intrappolato nella maschera, in quella personalità che credevo che mi rappresentava. Adesso, avevo la conoscenza che si poteva cambiare di maschera, ogni volta che lo desideravo.

Mi rimaneva da scoprire come farlo. Però finalmente avevo un maestro, Carlos, che mi avrebbe insegnato il come. Per cui, seguitai tutto il giorno con un sorriso e una serenità che i miei colleghi notarono e che erano quasi contagiosi.

Notai che tutto attorno a me si trasformava secondo ciò che io sentivo dentro. Avevo iniziato il mio primo viaggio alla scoperta delle mille personalità che abbiamo in noi attraverso la tecnica dell'attore.

"L'identità si forma con le credenze – diceva Carlos – con le esperienze che una persona può accumulare durante la propria vita ed è il risultato di tanti pensieri, cose che abbiamo ascoltato e sentito. Questo crea i nostri valori, la concezione del nostro Sé.

Comprendere un concetto così importante può cambiare tutto. Noi siamo un'entità spirituale divina che fa un'esperienza fisica e materiale. La materia è energia, a una frequenza molto bassa. Per questo l'unica differenza tra un gas e un tavolo, a livello di consistenza, è la differente frequenza che hanno.

Per cui tutta la manifestazione è percepita con i 5 sensi e questa limitazione ci dà una visione distorta del tutto, o meglio limitata. Partendo da questo punto, possiamo sapere che la manifestazione è solo un'illusione.

La nostra mente è come una lampada magica. Quello che chiediamo a livello incosciente e cosciente, questo si propaga nell'universo e arriva tutto ciò che proiettiamo.

Quel che succede è che noi proiettiamo pensieri negativi, preoccupazioni e questo è ciò che viviamo. Con questo lavoro andiamo a creare tutto un sistema di valori, di pensieri, di credenze che poi diventeranno parte di noi stessi.

È come il lavoro di uno stilista che prima di tutto crea con dettaglio il vestito come un'opera d'arte, per poi alla fine indossarlo. Di questo tratta tutto il lavoro che andiamo a fare insieme".

Uno dei vantaggi più grandi di avere una maschera o la miglior versione, se così vogliamo chiamarla, è che tutto ciò che viene detto lo possiamo relazionare alla maschera, ed è per questo che non prenderemo mai nulla sul personale. Questa è un'opportunità fantastica.

È come se qualcuno si facesse carico di tutto per noi. Anche il successo non potrà mutarci perché sempre sarà della nostra migliore versione, così che non perdiamo l'equilibrio e non ci facciamo influenzare nelle nostre decisioni perché tutto sarà più equilibrato.

Voler costruire una forte personalità, quindi, significherà liberare tutte le inibizioni che poniamo rispetto a ciò che vogliamo, per esprimere il nostro "Io reale", che sarà più vero di quello che adesso state rappresentando.

Quindi il lavoro che andremo a fare è contro questo senso di inibizione, che è l'origine del nervosismo, dei nostri scatti d'ira, dell'irritabilità, dell'ostilità o chiusura che abbiamo, come senso di protesta per questi limiti che noi stessi ci siamo imposti.

Altro ingrediente chiave è l'assenza di auto-giudizio. Devi evitare in ogni modo di auto-giudicarti o di bloccarti per ciò che potrebbero pensare le persone del tuo cambiamento.

Semplicemente vivilo, senza giudizi. Questo è essenziale, altrimenti lo stress e le paure faranno crollare la tua opera d'arte, privandola della spina dorsale che la regge.

RIEPILOGO DEL CAPITOLO 1

- SEGRETO n. 1: solo con fede e devozione assoluta verso un obiettivo puoi vedere la manifestazione. La nuova formula dell'uomo cosciente è: "Credere per vedere" (e non il contrario).

- SEGRETO n. 2: tutti noi siamo impegnati a costruire una personalità, apprendendo a come fare certe cose nella maniera che ci porta a esprimere il personaggio che noi stessi ci siamo creati. Quello che capita è che poi ci dimentichiamo di chi siamo veramente e ci identifichiamo col personaggio che noi stessi abbiamo creato.

- SEGRETO n. 3: esistono multiple personalità che convivono dentro di noi, solo devi scegliere quella che più ti aggrada e darle voce, espressione, vita.

Capitolo 2:
La CreAzione

"Il salto quantico di trasformazione verso la tua migliore versione non potrà essere profondo fino a quando sei ancorato all'immagine del passato. Per cui nel momento in cui cominci un lavoro di cambiamento di 'maschera' quello che è importante è dissociarsi dal passato, vederlo come la storia di un film. Quanto più dettagliata è la tua migliore immagine attraverso le azioni e l'ambiente che lo circonda, tanto più accelerato sarà il processo di manifestazione".

Carlos

2.1. Perché essere attore e non personaggio.
Cominciai a frequentare la scuola di Carlos, che si rivelò curiosa e allo stesso tempo divertente. Non vedevo l'ora che arrivasse la lezione, era il mio angolo di fuga da una realtà aziendale che sembrava come intrappolata dagli schemi mentali, paralizzata in un ruolo che non poteva cambiare.

In questo spazio e tempo mi davo il permesso di viaggiare all'interno delle mille personalità che avevo dentro di me e in breve capii che alla fine noi non siamo veramente questo individuo che crediamo di essere, siamo molto di più, possiamo scegliere se essere attori protagonisti, secondari, se infliggere o subire una condanna, interpretando la vita secondo il carattere che vogliamo.

Avevo anche scoperto che non era facile, perché siamo programmati a credere che siamo quello che esprimiamo in quel momento, il famoso carattere che tutti pensano sia immutabile. In realtà, siamo energia e nessuno ci insegna a dirigerla, a incanalarla dove noi vogliamo per cui la viviamo e la esprimiamo nel miglior modo che sappiamo fare. La buona notizia che appresi è che possiamo cambiare.

Un giorno Carlos dedicò tutta una lezione a una domanda a cui molti di noi non sappiamo dare una risposta: "Chi sono io?". Qui si aprì nel gruppo tutto un dibattito esistenziale sulle origini, sulle varie filosofie che si sono succedute per dare una risposta a questa grande domanda e cominciammo a confrontarci sotto vari aspetti di tipo religioso, scientifico, spirituale e avremmo potuto stare lì, dibattendo per giorni interi senza arrivare a un'unica risposta.

Grandi uomini di cultura dedicarono la loro intera esistenza a cercare di dare una risposta a questa domanda. Alla fine però Carlos ci lasciò disorientati chiedendoci di focalizzarci sulla domanda ancora più importante ossia: "Chi voglio essere?".

Qui cadono tutti i muri del passato, le scuse delle limitazioni, dell'"io sono così" e si aprono le porte dell'immaginazione, dove partiamo da una tela bianca e cominciamo a gettare i colori che più ci piacciono, osservando il risultato che si va creando mano a mano che avanziamo nella nostra opera.

Chi voglio essere? Questa semplice domanda mi ha fatto viaggiare, mi ha fatto emozionare, mi ha dato grandi rivelazioni, mi ha fatto vedere il cielo e la terra in un volo pindarico, mi ha dato il senso dell'esistenza, mi ha tolto tutte le limitazioni che ponevo alla mia espressione.

Per questo ti propongo di fermare per un attimo la tua esistenza e rimanere in questa semplice domanda come se fosse un mantra: "Chi voglio essere?". Questa domanda ti permette di uscire dal personaggio e di ritornare a essere attore.

Ecco qual è il potere che ti puoi permettere in questo momento: di creare la tua realtà o meglio di slittare nella realtà che meglio ti conviene, nella moltitudine di mondi paralleli.

Parlando della mia esperienza, io sempre mi ero dedicato agli studi e mi piaceva occupare un posto importante in una multinazionale, fare un lavoro creativo e allo stesso tempo gestire grandi eventi e nel mio lavoro di marketing mi sentivo completo.

Lavorare in una multinazionale ti dà tanti stimoli e allo stesso tempo ti fa crescere molto rapidamente, anche perché vivi in un contesto multiculturale con persone che vengono da tutto il mondo e già solo questo è come aprire una finestra al mondo e viaggiare pur rimanendo nello stesso posto.

E questo era tutto ciò che volevo essere e che adesso ero diventato. Per cui, mi rendevo conto che inconsciamente avevo fatto l'esercizio e avevo trasmutato questo desiderio in realtà.

Così come quando finito il liceo volevo diventare dottore in economia e commercio e con il tempo e lo studio e l'applicazione avevo trasformato il "Chi voglio essere" in chi sono adesso.

Per cui mi arrivò molto chiaro il messaggio che ogni qual volta ti concentri su chi vuoi essere e lavori verso questa direzione tutto l'universo si muove affinché ciò si compia e si trasformi nel tuo essere presente.

Era assurdo come non ci avessi mai riflettuto sotto questo punto di vista, però improvvisamente tutto mi sembrò chiaro e cristallino.

Stavo apprendendo molto da Carlos, un professore eccezionale e molto saggio. Un giorno gli chiesi di raccontarci la sua storia, perché mi incuriosiva come un uomo, chiaramente di origine latino-americana, fosse giunto a Milano e si fosse dedicato a insegnare l'arte dell'interpretazione attoriale.

E il suo mondo mi affascinò di immediato. Spiegò che crebbe attorniato dalla cultura sciamanica dalla quale apprese tanta saggezza e prospettiva di vita. Ci raccontava che lo sciamano, nel momento in cui deve risolvere qualsiasi fatto, ha fiducia molto di più nel suo potere interiore che non nella realtà materiale, però, per poterlo fare, deve abbandonare il sistema di credenze convenzionali circa la realtà.

In fondo tutto il lavoro sul personaggio non avrebbe senso se non adottassimo una prospettiva fuori dall'ordinario. Gli sciamani credono nell'energia universale e che tutti gli elementi del nostro intorno sono vivi e hanno una loro fonte di energia nel mondo spirituale.

Alla fine un corpo fisico esiste fino a quando ha un corpo eterico attivo. Solo nel momento che questo corpo eterico si distacca avviene la morte fisica della persona. Per gli sciamani tutte le forme di vita sono connesse fra loro e tutto dipende da questo equilibrio che si crea.

È nostro compito capire come far funzionare questo equilibrio e vivere in armonia con tutto ciò. Per questo sono soliti comunicarsi con la fonte universale attraverso dei viaggi interiori e ciò gli permette risolvere i problemi del mondo materiale.

Carlos ci diceva che per gli sciamani l'immaginazione non è una semplice attività cerebrale, quanto un mezzo attraverso il quale si può accedere a territori sconosciuti e per questo si parla di viaggi iniziatici e di viaggi astrali.

Hanno una visione al di fuori delle limitazioni della mente umana e sono molto pratici e soprattutto sono disciplinati e persistono nel loro compito e credono nel potere interiore e lo usano per il bene comune.

Insegnano pertanto a trasformare la coscienza di chi dirige la nostra vita e ci svegliano dal ruolo di vittima che a volte assumiamo. Tutta questa esperienza che aveva maturato nella sua crescita la trasferiva nel suo lavoro di teatro.

La mia domanda era: Come mai il teatro? "Perché è una scienza umana dove puoi permetterti di essere ciò che vuoi e scopri di essere tutto e nessuno, che è l'essenza della vita", rispose Carlos con fermezza.

"Non appropriarti di un ruolo ed essere libero di lasciarlo andare per assumerne uno nuovo semplicemente mettendo in pratica alcuni mezzi che fanno parte del training dell'attore.

Per questo mi sono sentito affascinato dal mondo del teatro, dove un'attenzione ai minimi dettagli, una presenza incredibile, un'energia di unione guida tutti i passi di una scena per renderla credibile e connettere con tutto l'intorno del pubblico.

Se apprendi questo, potrai andare in giro per la vita volando, andrai a un'altezza differente e tutto per te sarà più chiaro perché sempre avrai una visione da vari punti di vista, del tutto in sé".

2.2. Cercare il sogno all'interno dei mondi paralleli.
La realtà è molto diversa rispetto a quello che ci immaginiamo, ci spiegava Carlos. Noi pensiamo che esista solo una realtà, quella in cui viviamo.

In verità tutto è stato creato e il tempo non esiste in una linea orizzontale quanto in una linea verticale, ossia tutto accade nello stesso istante, se così possiamo dire. Per questo i saggi dicono che l'unico momento che esiste è il presente.

Tutto esiste in contemporanea. La nostra mente non riesce a concepire questo messaggio però se solo poco ci si avvicina potrebbe essere rivelatore. Così è come me lo spiegò Carlos.

"Noi crediamo di creare e di decidere azioni nella nostra vita e in realtà tutto è stato creato seguendo le mille possibilità che esistono di ciascuna esistenza e le mille combinazioni che sono possibili nelle interazioni con tutto ciò che ci circonda".

Per fartela breve, se tu decidi di andare all'università, é vero che intraprendi questo percorso, ti laurei, poi segui una carriera e avanti così, però allo stesso tempo ci sarà un altro "Io" che avrà deciso di non andare a studiare e apprenderà a fare un lavoro manuale, che per te era la seconda opzione che non hai intrapreso.

Per cui ognuno di noi rimane in una linea e naturalmente non vede cosa succede nella linea parallela perché non ci sono contatti in quanto è un cammino parallelo.

Quando però decidi di fare un cambiamento verso una nuova versione di te, prima di tutto devi visualizzarla e connetterti perché esiste già in un universo parallelo, per questo la puoi immaginare e sentire.

Questo dà significato a quando si dice che tutto ciò che puoi immaginare è realizzabile, perché già esiste, ovviamente non nella tua linea esistenziale.

Pertanto il lavoro da fare è comunicarti con questa versione esistente in un universo parallelo, notare tutti i dettagli che possiede e slittare da una linea all'altra fino ad arrivare a quella linea dove è presente questa nostra migliore versione per manifestarla nella nostra realtà. Tutto qui.

Semplice a dirsi ma a farlo è tutt'altra storia. Certamente, se non hai la tecnica e la conoscenza adeguata sarà difficile poterla raggiungere, per questo motivo ho riunito tutto ciò che ho appreso affinché tu possa creare questa versione e renderla reale.

È solo questione di tecnica e mentalità che sono le cose su cui andremo a lavorare lungo il percorso di questo fantastico viaggio dentro di te. Seguimi con fiducia e vedrai che trasformazione.

2.3. *Vivere in mondi paralleli.*

Carlos ci spiegava che la vita è come andare a vedere un film al cinema. Siamo talmente immersi nella storia che viviamo che non ci rendiamo conto che quello di fronte a noi è un personaggio e che tutto è stato ricostruito, non perché non lo sappiamo, semplicemente ci dimentichiamo e ci immergiamo nelle vicende e questo fa in modo che tutto in quel momento ci appaia reale.

Lo stesso succede nella nostra vita: ci immergiamo nella realtà in cui viviamo e ci dimentichiamo che tutto ciò che stiamo vivendo in fondo non è reale se non creato dalla nostra mente.

Tutto accade dentro di noi. Se succede un incidente d'auto, quello che vediamo si proietta dentro di noi, lo stesso vale per un'immagine, un'esperienza, una situazione, tutto viene riprodotto dentro di noi. E dunque vale anche il contrario.

Se cambiamo l'interno tutto l'esterno cambia. Non vedi quindi il mondo per quello che è ma per quello che sei tu.

Carlos ci parlava spesso del potere che ha una realtà fortemente immaginata, capace di essere creduta come reale. Così quando ci illudiamo di essere quel personaggio, per noi è reale.

Non ci accorgiamo che possiamo essere altri mille personaggi.

Circa questo argomento mi ricordo che sin da piccolo avevo sentito un certo fascino per autori come Pirandello che percepiva questo distacco dalla realtà, dal peso della percezione differente di ciascuno di noi verso una stessa persona o uno stesso oggetto.

Uno, nessuno e centomila. Il titolo di un suo romanzo che coglieva in pieno il concetto che Carlos ci voleva esprimere. Di fatto il protagonista Vitangelo arriva proprio a queste riflessioni:

"1. Che io non ero per gli altri quello che finora avevo creduto d'essere per me;

2. che non potevo vedermi vivere;

3. che non potendo vedermi vivere, restavo estraneo a me stesso, cioè uno che gli altri potevano vedere e conoscere, ciascuno a suo modo, e io no;

4. che era impossibile pormi davanti questo estraneo, per vederlo e conoscerlo; io potevo vedermi, non già vederlo;

5. che il mio corpo, se lo consideravo da fuori, era per me come un'apparizione da sogno, una cosa che non sapeva di vivere e che restava lì, in attesa che qualcuno se la prendesse;

6. che, come me lo prendevo io, questo mio corpo, per essere a volta a volta quale mi volevo e mi sentivo, così se lo poteva prendere chiunque altro per dargli una realtà a modo suo;

7. che infine quel corpo per sé stesso era tanto niente e tanto nessuno, che un filo d'aria poteva farlo starnutire, oggi, e domani portarselo via".

(estratto da *Uno, nessuno e centomila* di Luigi Pirandello).

Adesso, riflettendo su questa possibilità di cambiare ruolo e personalità così come ci piace, andiamo anche a esplorare un concetto che ci renderà più facile capire come sia possibile questo cambiamento e come tutto non sia stabilito *a priori* e che tutti noi abbiamo questo potere di cambiare secondo quello che più ci possa far piacere a livello di esperienza, escludendo i giudizi mentali di buona o mala esperienza, che come sappiamo, a un certo livello di coscienza, sono concetti che non hanno senso.

Ecco che il fisico Hugh Everett III nel 1957 ci parlò della Teoria dei Mondi paralleli e la dimostrò partendo dall'assunto della fisica quantistica che afferma che l'osservatore influisce sull'evento osservato, seguendo le sue aspettative.

Andando un po' oltre possiamo dire che ogni evento, nel momento in cui viene osservato, si suddivide in vari eventi che non si intersecano, che creano i mondi per l'appunto paralleli e l'osservatore rimane a vivere uno dei casi, e altri Sé dell'osservatore vivranno le altre ipotesi del caso.

Così che tutto accade, siamo solo noi a decidere in quale ipotesi vogliamo rimanere a fare l'esperienza. Alla fine, quindi, percepiamo solo una possibilità, però gli altri nostri "Sé" vivono tutte le altre possibilità.

Quindi esiste un numero infinito di possibilità che non percepiamo, perché non si intrecciano con la nostra, pur essendo reali. Tutte le realtà, quindi, sono state create, esistono già.

Solo dobbiamo diventare la versione che vive quella realtà che tanto desideriamo e per farlo dobbiamo "fingere di essere già" per meglio avvicinarci alla nostra altra versione che vive quella realtà.

Questo è un vero e proprio salto quantico, ciò che andremo a vivere attraverso questa serie di esercizi ispirati al lavoro dell'attore.

Ogni volta che visualizziamo qualcosa che desideriamo è perché questa realtà esiste già e in un mondo parallelo già la viviamo. Abbiamo installato nella nostra coscienza la capacità di diventare quella versione, se solo la abbiamo immaginata.

Così questo pensiero ti servirà per capire che nulla è impossibile se lo hai immaginato e questo perché già esiste. I nostri desideri in un mondo parallelo sono già realtà. A noi tocca solo il compito di trasferirci in quell'altro mondo e viverli.

Quali sono gli strumenti che utilizzeremo per raggiungere questa capacità di passaggio alle altre realtà? Il potere dell'intenzione, l'immaginazione, l'intuizione, le credenze, le emozioni, la comunicazione e soprattutto l'azione.

Quindi il segreto non sta nel desiderare, immaginare, andare costruendo; basta solo essere già, senza dubbi né timori. "Di tutte le facoltà dell'uomo, l'immaginazione è quella che più ci rende simili a Dio", disse Glen Clark.

Quindi occorre spostare l'attenzione sulla nuova realtà, è sufficiente porre l'attenzione per connetterci con essa.

Dopodiché, per entrare nella nuova realtà, bisogna fare un reset. Joe Dispenza nel suo lavoro fantastico di manifestazione della realtà parla di ritornare nel punto zero, nel puro Io sono, nel no tempo, no spazio, no essere.

Non sarà possibile identificarsi nella nuova realtà se non ci disconnettiamo da quella presente. Ci sarebbe un corto circuito. Quindi il processo di azzeramento ti fa ritornare allo stato di attore e lì ti scegli il tuo personaggio, e una volta scelto entri e ti dimentichi dei mille altri che potresti interpretare.

Tale processo lo puoi ripetere all'infinito. Ecco spiegato il motivo per cui iniziamo questo percorso tanto affascinante di creare la nostra migliore versione. Solo una volta che diventi esperto in questo, potrai viaggiare nello spazio infinito delle possibilità.

Sarà come ascoltare una radio. Il fatto che puoi ascoltare solo una stazione radio non significa che le altre non esistano. Però puoi cambiare e sintonizzarti su altre frequenze e spostarti in un'altra trasmissione radio, che magari ti piace di più.

Per cui, per manifestare la realtà devi prima condizionare tutta la parte interiore e agire come se lo avessi già ottenuto. Stare nell'Essere. E per far ciò devi stare nel punto di arrivo e sentirlo presente.

Da qui, l'importanza di apprendere a visualizzare, che è uno strumento fondamentale per poter portare avanti il lavoro, così che vediamo come possiamo visualizzare in maniera efficiente per poi sintonizzarci con la realtà desiderata.

2.4. Come funziona la visualizzazione.

Carlos ci aveva detto dell'importanza dell'immaginazione nel mondo sciamanico, e come a volte, pur sembrandoci illogico e irrazionale, ci permetta però allo stesso tempo di realizzare i nostri sogni, anche i più stravaganti.

Di come riesca a connetterci con la parte energetica, spirituale piuttosto che stare nel pensiero del "Se lo vedo, lo credo", dando così un cambiamento totale di paradigma affermando che "se lo credo lo vedo", prendendo coscienza del potere della creazione mentale.

L'immaginazione, al pari dei muscoli, ha bisogno di essere allenata. E abbiamo una parte attiva dove siamo noi a manipolare le immagini che vogliamo vedere e una passiva dove semplicemente vediamo ciò che arriva nella nostra mente a livello di immagini.

Un'altra cosa su cui gli sciamani lavorano molto è l'attaccamento al risultato che sembra allontanare lo stesso. Infatti, quello che gli sciamani suggeriscono è accettare il risultato di ciò che arriva perché sicuramente avrà un esito più appropriato per noi in quel momento.

E soprattutto invitano a utilizzare l'umore perché con il sorriso si aprono i canali emozionali e tutto si dissipa, e con un'attitudine di apertura è più facile conseguire i risultati. Per questo Carlos nelle sue lezioni sempre ci faceva sorridere e ci invitava a prenderci meno sul serio.

"Essere seri è essere rigidi, perdere la flessibilità e quando qualcosa è rigido è più facile che si spezzi. Siate flessibili. Ridete!". Non dimenticherò mai questa frase.

Volendoci focalizzare sulle tecniche della visualizzazione, il primo passo è la chiarezza.

Quando parliamo di visualizzazione facciamo riferimento a immagini, suoni, colori, movimenti che si riproducono dentro di noi. È come se stessimo vivendo un film interiormente, senza che ce ne rendiamo conto. A volte queste immagini ci arrivano, associate a pensieri e situazioni, a volte possiamo essere noi a generarle.

Nell'immaginazione è fondamentale utilizzare tutti i sensi. Se immagino una mela, la vedo, sento il sapore, l'odore, la sensazione sulla mia pelle, tutta una serie di percezioni che normalmente associo alla mela. In più, ricorrere a elementi della natura dà molta più energia di quanta ne diano oggetti sintetici e privi di vita.

Per fare un lavoro di creazione con visualizzazione è importante prima di tutto rilassare la mente attraverso uno stato meditativo. Noi occidentali siamo abituati alla produttività e pensiamo che uno stato di meditazione non sia altro che una perdita di tempo.

Meglio piuttosto fare un pisolino, per lo meno ci riposiamo. In realtà è stato provato che la meditazione ha diversi benefici relativi alla rigenerazione cellulare, alla produzione di sostanze che danno benessere a tutto il corpo e aiutano molto il cervello nella concentrazione.

Inoltre, tutte le idee geniali derivano sempre da un momento di pace interiore, o subito dopo una bella dormita o una pausa riflessiva, questo significa che tale stato è ottimale per generare nuove idee.

2.5. Quali sono le migliori condizioni per visualizzare?

Per scoprire quali sono le migliori condizioni per la visualizzazione dobbiamo parlare di onde cerebrali. Il nostro cervello infatti ha un'attività elettrica prodotta dai neuroni che sono generatori di pensieri, sentimenti e da tutte le azioni che siamo in grado di produrre.

Apparentemente è una scarica di impulsi elettrici che però ha una complessità incredibile. Infatti, il cervello umano è il computer più sofisticato che possa esistere sulla terra.

Ovviamente molto spesso rimane sconosciuta la sua immensa potenzialità, però sempre più stiamo avanzando alla scoperta di come possiamo utilizzarlo al meglio.

Ancora, ci rimane tanto da scoprire su come avviene il coordinamento di queste cellule nervose che fanno apparire sensazioni, ricordi, pensieri e tutto ciò che si crea nel nostro interiore e in particolare la magia dell'immaginazione.

Però conosciamo l'attività oscillatoria neuronale ossia l'innescare frequenze di impulsi elettrici che generano quelle che vengono conosciute come onde cerebrali. Questo può essere applicato sia al singolo neurone o a un gruppo che invia simultaneamente segnali e sono come onde visibili tramite un encefalogramma simili al battito cardiaco.

Possiamo classificare le onde cerebrali a seconda della loro frequenza, che sarebbe il tempo che passa tra i momenti in cui molti neuroni attivano segnali elettrici contemporaneamente.

Possiamo chiamare queste onde cerebrali con le lettere greche per cui avremo onde Delta, onde Theta, onde Alpha, onde Beta e onde Gamma. Andiamo a conoscerle per capire poi come lavoriamo quando utilizziamo l'immaginazione.

1. Onde Delta (da 1 a 3 hz)
Hanno una frequenza molto bassa e sono quelle con la massima

lunghezza d'onda e si riscontrano nel sonno più profondo, dove il cervello è molto impegnato in processi non coscienti e dove quasi non sogniamo.

2. Onde Theta (da 3,5 a 7,5 hz)
Dopo le onde Delta, vengono le onde Theta che caratterizzano uno stato di profonda calma, rilassamento, fantasia, ricordi del passato, del sonno in fase Rem di sogno per cui siamo nel puro mondo dell'immaginazione.

È uno stato molto potente dove possiamo lavorare su elementi di guarigione come il Theta Healing.

Qui siamo ispirati e dove abbiamo grande creatività e dove non dobbiamo prestare attenzione cosciente, inserendo il pilota automatico, per poterci concentrare su qualcosa di più creativo.

3. Onde Alpha (da 8 a 13 hz)
Quando siamo in onda Alpha ci sentiamo sereni, come passeggiando in un bosco o mentre prendiamo il sole, dove siamo coscienti ma pienamente tranquilli.

4. Onde Beta (da 12 a 33 hz)

Nelle onde Beta siamo pienamente coscienti, attenti a ciò che succede attorno a noi senza essere troppo impegnati mentalmente o troppo concentrati.

5. Onde Gamma (da 25 a 100 hz)

Queste sono il tipo di onde cerebrali con maggiore frequenza e minore ampiezza e si hanno quando siamo in piena azione, coscienti, attenti e svegli. Sono relative ad attività di studio, di dialogo in pubblico, insomma sono legate a occupazioni impegnative a livello intellettuale.

Per quanto riguarda il lavoro di immaginazione quindi è importante entrare in uno stato rilassato e produttivo a livello di creatività, ovvero lo stato alfa. Lo stesso nel caso delle visualizzazioni che faremo insieme.

Una volta creato questo stato di tranquillità, possiamo cominciare il processo di visualizzazione. È semplicemente chiudere gli occhi e lasciarsi guidare da una voce, nel caso di una visualizzazione guidata, oppure cominciare a creare con la mente, dove il tuo punto di vista nel caso dell'immaginazione può essere interno (ossia vivi in maniera tridimensionale le immagini rimanendo dentro il tuo corpo fisico) oppure esterno (vedendo le scene da fuori, dove riesci a osservarti come se ci fosse una camera esterna).

Carlos ci faceva fare parecchi esercizi durante le sue classi e per questo mi piacevano tanto. Questi esercizi aiutavano a migliorare la nostra capacità di immaginazione. Per esempio, ci metteva a osservare degli oggetti e poi ci chiedeva di chiudere gli occhi e di riprodurre l'immagine.

Quindi cominciavamo a osservare e descrivere ad alta voce un oggetto, in tutti i dettagli e una volta terminata la descrizione chiudevamo gli occhi e ripetevamo esattamente lo stesso esercizio con gli occhi chiusi, questa volta.

La persona successiva doveva farlo con suoni, visioni, ricordi, elementi, quindi, che non erano di fronte a te se non nella tua mente, quindi più complesso. Perciò lo facevamo con suoni come vento, voci, melodie, rumori meccanici.

La fase successiva prevedeva di immaginare, sempre a occhi chiusi, di abbracciarli, di toccarli, di sentire la sensazione di contatto. Sentirti uno con l'oggetto.

E infine sempre con l'oggetto abbracciato e con gli occhi chiusi passavamo a fare altre azioni nello spazio come camminare, prendere un libro, girare per la stanza, parlare con qualcuno.

Un altro esercizio che ti suggerisco sempre per allenare l'immaginazione è cominciare a occhi chiusi a vedere un oggetto, poi a sentire la sensazione al tatto, il gusto, sentire i suoni naturali che possono circondarti e sentirti immerso nell'esperienza.

E volendo fare un passo in avanti nel processo della visualizzazione, possiamo anche immaginare la frequenza dell'oggetto.

Quanto più denso e oscuro sarà, più bassa sarà la frequenza e viceversa. Questo ti aiuterà già a proiettarti nella dimensione superiore, a vedere con uno sguardo differente il tuo intorno e a sviluppare capacità extrasensoriali dalle quali ci siamo purtroppo allontanati da tempo.

Tutti questi esercizi puoi farli anche tu e ti aiuteranno a sviluppare la concentrazione, fondamentale nel lavoro della creazione della tua migliore versione, così che è importante che tu li faccia ripetutamente.

2.6. Cosa nasconde la tua storia?

Adesso addentriamoci nel mondo delle visualizzazioni. Potremmo cominciare creando una sala cinema che diventa il tuo laboratorio creativo e provare a rivedere la tua storia personale. Che ne dici? Per fare ciò prenditi 20 minuti di tempo e lasciati guidare da questa prima visualizzazione.

Visualizzazione della tua storia

Adesso chiudi gli occhi e fai un respiro profondo. Trova una posizione comoda e rilassata che ti permetta di stare al tempo stesso cosciente della visualizzazione che andiamo a fare insieme. È importante che concentri la tua attenzione sulle respirazioni profonde. Vedere l'aria che entra dalle tue narici, che attraversa i tuoi polmoni riempiendoli fino agli alveoli.

Ti riempi di ossigeno e di energia ed espirando vedi l'anidride carbonica carica di tutte le impurità andare su e uscire dalle tue narici e avverti questa sensazione di purificazione.

Ti concentri nel momento dell'inspirazione per riempirti di energia pura e poi dell'espirazione per svuotarti di tutti i pensieri negativi, di tutte quelle emozioni pesanti accumulate che si liberano nell'aria. Vivi questo processo di ricambio in maniera cosciente e presente. Inspira. Espira. Inspira. Espira.

Adesso che sei in questo stato di rilassamento, ti immagini all'interno di un ascensore e guardi i numeri dove compare l'indicazione del piano in cui ti trovi. Sei al piano 21. Pigia il tasto 0 e comincia la tua discesa verso la parte più profonda di te stesso.

21, 20, 19, e a ogni piano che vai scendendo vai entrando in uno stato di tranquillità, 18, 17, 16, senti che la Madre terra ti sta aspettando; 15, 14, 13, ti senti sempre più radicato e accolto, 12, 11, 10, il tuo corpo avverte questa sensazione di distacco e di liberazione.

9, 8, 7, la tua mente si va liberando, 6, 5, 4, il tuo cuore batte a un ritmo molto calmo 3, 2, 1, sei arrivato. Si aprono le porte e ti trovi davanti una sala dove al fondo è situato un grande schermo di cinema.

È impressionante. E al centro della sala trovi una poltrona molto comoda. Di che colore è? Di che tessuto è fatta? La provi e trovi che è fantasticamente comoda. Ti rilassi e continui a esplorare.

Noti che ci sono dei bottoni sul braccio della poltrona e cerchi di capire a cosa servono. Un tasto per accendere lo schermo. Un tasto per andare indietro. Uno per andare avanti. Uno per spegnere.

Accendi lo schermo e vedi proiettato un film. Dai titoli appare il tuo nome e a seguire un titolo: *La tua storia*. Comincia a proiettarsi un film cominciando da quando i tuoi genitori si conobbero e da quando sei nato. Adesso vedrai episodi della tua vita.

Cominci dal momento della nascita e a poco a poco vedi un

numero che indica il progredire degli anni e i vari episodi che si verificheranno nella storia della tua vita. Vai osservando e scoprendo anno per anno. Si vanno sviluppando i ricordi. Vai ricordando.

Però vedi tutto in maniera oggettiva, distaccata, dalla tua poltrona comoda. Episodi della tua vita trattata in un film. Ricordi. Emozioni. Paure. Ansie. Amori. Passioni. Sogni. Illusioni. Successi. Delusioni. Amicizie. Eventi memorabili.

Abbandoni. Belle persone. Viaggi. Persone che ti hanno ferito. Persone che ti hanno amato. Luoghi sacri. Case vissute. Spazi pieni di ricordi. Un film realistico della tua vita. Rimani a osservare.

È arrivato il momento di interrompere il film. A breve ci accingeremo a decidere come questo film proseguirà, però per ora rimani con questa sensazione dei ricordi che hanno avuto valore nella tua vita e che presto ti serviranno per creare il tuo nuovo film secondo la tua migliore versione.

È arrivato l'ascensore. Spegni tutto e ti dirigi verso di lui. Ritorni in superficie e avverti una sensazione di pace e di tranquillità che ti riempie. Hai fatto il tuo primo viaggio rispondendo alla domanda chi sono io. Adesso ti senti pronto per il passo successivo che sarà chi voglio essere.

Ora abbandona questo stato di rilassamento mentale così profondo, e ricordati che ogni volta che lasci questi livelli mentali ti senti più rilassato, in linea con te stesso e con la vita, in armonia con tutte le persone che ti circondano.

Sei in perfetta forma, tranquillo e sereno. La testa e i muscoli del collo sono rilassati, lo sguardo concentrato, la pressione del sangue e il ritmo del cuore saranno perfettamente regolari e tutto il corpo sarà sano.

Quando aprirai gli occhi ti sentirai sveglio, in perfetta forma e salute, in armonia con la vita.
(Puoi scaricare la visualizzazione collegandoti al sito web: www.danidimaggio.com/visualizzazioni).

2.7. Come creare con le visualizzazioni.

Bene, adesso che hai creato la tua personale sala di proiezione, qui potrai esercitarti per ricreare la tua migliore versione, così come piace a te, però per farlo magari ti serve di seguire il processo dei 7 passi che tratteremo a breve.

Come hai visto, il potere di visualizzare è qualcosa di fantastico. Ti rendi conto come tutto nasca da una semplice visualizzazione. Qualsiasi cosa tu voglia creare prima si genera nella mente, per cui crei un'immagine, la relazioni a un'emozione, poi metti l'azione e da lì crei il tuo mondo.

È qualcosa che facciamo in maniera automatica senza che ce ne rendiamo conto. Una volta visualizzato puoi passare alla manifestazione reale. Per cui, il lavoro che andremo a fare prima di tutto sarà visualizzare la tua migliore versione per poi darle forma reale.

Dovremo focalizzarci sui dettagli, sui colori, sulle sensazioni, sentire l'immagine viva. Devi pensare di essere un artista che forgia la sua opera d'arte.

A volte le convinzioni limitanti che abbiamo non ci permettono di essere creativi. Molte persone che cominciano questo lavoro con me mi dicono che risulta loro difficile visualizzarsi come miglior versione.

Devi quindi osservare questo pensiero che ti limita, focalizzarti e non opporre resistenza, semplicemente dargli la benedizione e lasciarlo andare, ringraziandolo. Bisogna lasciare spazio al nuovo e credere con fede nel potere che ha l'immaginazione.

Cominciamo allora con una visualizzazione guidata che ti permetterà di accedere a una nuova dimensione della tua vita.

Scegli un posto tranquillo e rilassato dove nessuno possa disturbarti per almeno 20 minuti, spengi qualsiasi dispositivo che possa interrompere questo momento che vai a dedicare a te.

Visualizzazione del presente.
Comincia a respirare profondamente, scegliendo una posizione comoda e rilassata, abbandona qualsiasi tensione del tuo corpo. Respira profondamente. Sei in uno stato di completo relax.

Adesso chiudi gli occhi e fai un respiro profondo. È importante che concentri la tua attenzione sulle respirazioni profonde. Vedere l'aria che entra dalle tue narici, che attraversa i tuoi polmoni riempiendoli fino agli alveoli.

Ti riempi di ossigeno e di energia ed espirando vedi l'anidride carbonica carica di tutte le impurità andare su e uscire dalle tue narici e avverti questa sensazione di purificazione.

Ti concentri sull'inspirazione per riempirti di energia pura e sull'espirazione per svuotarti dei pensieri negativi di tutte quelle emozioni pesanti accumulate che si liberano nell'aria.

Vivi questo processo di ricambio in maniera cosciente e presente. Inspira. Espira. Inspira. Espira.
Adesso che sei in questo stato di rilassamento, ti immagini all'interno di un ascensore e guardi i numeri dove compare l'indicazione del piano in cui ti trovi. Sei al piano 21.

Pigia il tasto 0 e comincia la tua discesa verso la parte più profonda di te stesso. 21, 20, 19, e a ogni piano che vai scendendo vai entrando in uno stato di tranquillità.

18, 17, 16, senti che la Madre terra ti sta aspettando, 15, 14, 13, ti senti sempre più radicato e accolto, 12, 11, 10, il tuo corpo avverte questa sensazione di distacco e di liberazione.

9, 8, 7, la tua mente si va liberando, 6, 5, 4, il tuo cuore batte a un ritmo molto calmo, 3, 2, 1, sei arrivato. Si aprono le porte e ti trovi davanti una sala dove al fondo è situato un grande schermo di cinema e la tua poltrona e ti siedi comodamente.

Senti il tuo cuoio capelluto che si va rilassando e abbandonando, e come una colata di cioccolata calda si va estendendo verso la tua fronte, che si va rilassando, sui tuoi occhi, sul tuo viso, il tuo collo e giù giù verso tutto il tuo corpo, la gola, le spalle, il petto, le braccia, le mani, il ventre, le cosce, le ginocchia, i polpacci, i piedi.

Adesso ti senti in uno stato di grazia, di pace e di amore, in uno stato di meditazione profonda, di connessione con il tutto e ti vedi attorniato da persone che ami e che ti amano e senti vicino anche persone che ammiri, che non conosci direttamente ma di cui sai tutto, perché hai conosciuto le loro attività e il loro gran lavoro.

Tutto questo ti fa sentire al sicuro in uno spazio protetto. Adesso accendi il tuo schermo e vedi il tuo presente, osservi com'è il tuo intorno. Visualizzi i momenti della giornata che andrai a vivere con tutti i dettagli. Può essere durante il lavoro, a casa, in famiglia, con il partner.

Respiri profondamente e ti osservi da fuori. In questo stato di rilassamento tutto ti appare differente. Sarebbe come essere uno spettatore. Quello che accade non ti colpisce perché adesso sei un semplice osservatore.

L'unica cosa che puoi fare è inondare il tutto con un sorriso e una gioia per il fatto che ora hai una visione superiore dei fatti e questo ti rende speciale, e ti fa vedere cose che prima non avevi osservato, di te stesso e delle persone che ti circondano in questa occasione.

Adesso conserva questo stato di tranquillità che sarà quello che utilizzerai durante tutto il tuo lavoro di creazione.

Hai scoperto che da fuori la realtà appare in maniera distinta e che sempre puoi distaccarti dai fatti e avere una visione universale, sorridere e trasformare il tuo intorno in maniera piacevole.

Ora hai trovato il tuo spazio creativo. Questo sarà il tuo laboratorio dove creare la tua migliore versione, il meglio di te. La tua opera d'arte. È arrivato l'ascensore. Spegni tutto e ti dirigi verso di lui.

Ritorni in superficie e avverti una sensazione di pace e di tranquillità che ti riempie. Hai fatto un nuovo viaggio rispondendo alla domanda chi sono io. Adesso ti senti ancora piú pronto per il passo successivo che sarà chi voglio essere.

Ora abbandona questo stato di rilassamento mentale così profondo, e ricordati che ogni volta che lasci questi livelli mentali ti senti più rilassato, in linea con te stesso e con la vita, in armonia con tutte le persone che ti circondano. Sei in perfetta forma, tranquillo e sereno.

La testa e i muscoli del collo sono rilassati, lo sguardo

concentrato, la pressione del sangue e il ritmo del cuore saranno perfettamente regolari e tutto il corpo sarà sano.

Quando aprirai gli occhi ti sentirai sveglio, in perfetta forma e salute, in armonia con la vita.

(Puoi scaricare la visualizzazione collegandoti al sito web: www.danidimaggio.com/visualizzazioni).

Adesso hai creato un posto sicuro e saprai come mantenere questo stato di rilassamento durante la tua vita presente, con questo sguardo da osservatore e ogni qual volta lo vorrai potrai tornare nel tuo laboratorio e ritrovare questo stato sublime dell'essere. Questo spazio ti appartiene.

2.8. Lavorare con le emozioni.

Cosa sono le emozioni? Come dice la stessa parola e-mozioni, energia in movimento, quello che ci fa attivare, ci rende vivi, ci permette di attuare. Sono ciò che l'anima esprime dal profondo, la maniera in cui il corpo esprime lo stato di energia.

Tutto questo ti dice che se vuoi qualcosa devi cominciare a

vibrare alla stessa frequenza per vederlo manifestare nella realtà. Se vuoi gioia devi vibrare gioia. Se vuoi amore, vibra in amore.

Non possiamo far dipendere l'interno dall'esterno ma esattamente il contrario. Lo creiamo dall'interno per manifestarlo all'esterno. Noi ci muoviamo per andare verso il bene e allontanarci dal male. In realtà tutto questo non esiste in sé. È come lo interpretiamo che lo rende buono o cattivo.

Carlos ci affascinava raccontandoci le tante storie del teatro antico, dove principi e re intrecciavano i loro sentimenti e le loro passioni e creavano grandi storie epiche dai risvolti più impensati.

È incredibile come le emozioni possano muovere mari e terre, come possano trasformare cose e persone, come possano generare un'energia enorme capace di grandi opere d'arte e allo stesso tempo di grandi distruzioni di massa.

E la storia è piena di esempi perché alla base di qualsiasi azione umana ci sono una o più emozioni che hanno fatto scattare azioni o reazioni a volte incontrollabili.

Non entreremo nel merito delle singole emozioni già che esistono molti testi che approfondiscono tutte le sfaccettature. Vediamo invece come utilizzarle per creare la nostra migliore versione sempre prendendo spunto dalla tecnica del personaggio.

Infatti l'attore, quando interpreta il suo personaggio, prima di tutto si domanda che emozioni va a vivere durante la scena. Poi per ricrearla va a cercare nelle sue esperienze passate per vedere di riprenderle dal suo bagaglio esperienziale: ad esempio la tristezza la va a cercare nel suo passato in una circostanza in cui si è sentito molto triste.

Arrivato a quel punto si analizza quali sono le caratteristiche che si sente a livello fisiologico, com'è la postura, rivivendo esattamente questa emozione. È come entrare improvvisamente in quello stato e riviverlo.

In quel momento si comincia ad amplificare tutto ciò che si sente per studiarne bene le caratteristiche per poi dosarle sul proprio personaggio.

E questo è esattamente quello che andremo a fare con la nostra migliore versione.

Preparati adesso a vivere questa esperienza emozionale. A entrare nel tuo interiore e scoprire tutta la gamma di emozioni per poi accenderle ogni volta che lo desideri nella tua nuova opera di arte.

E andiamo a rivivere tutte le emozioni, anche la rabbia chiaro. Non è che per quanto diventiamo la nostra migliore versione non proveremo più rabbia. Questo significherebbe castrare il nostro personaggio di una gamma vasta di colori.

L'importante è arrabbiarsi in maniera cosciente, sapendo gestire questa energia, utilizzandola a nostro favore, interrompendola quando questa già non è più utile, e ritornando a uno stato di potere come sempre, in maniera del tutto pacifica.

Se conosci il tuo nemico sei più potente. Così non possiamo certamente dimenticarci di vivere le emozioni che più ci fanno star male proprio perché dobbiamo star bene. Cominciamo la visualizzazione sulle emozioni.

Visualizzazione sulle emozioni.

Adesso chiudi gli occhi e fai un respiro profondo. Trova una posizione comoda e rilassata che ti permetta di stare al tempo stesso cosciente della visualizzazione che andiamo a fare insieme.

È importante che concentri la tua attenzione sulle respirazioni profonde. Vedere l'aria che entra dalle tue narici, che attraversa i tuoi polmoni riempiendoli fino agli alveoli.

Ti riempi di ossigeno e di energia ed espirando vedi l'anidride carbonica carica di tutte le impurità andare su e uscire dalle tue narici e avverti questa sensazione di purificazione.

Ti concentri sull'inspirazione per riempirti di energia pura e sull'espirazione per svuotarti di tutti i pensieri negativi di tutte quelle emozioni pesanti accumulate che si liberano nell'aria. Vivi questo processo di ricambio in maniera cosciente e presente. Inspira. Espira. Inspira. Espira.

Adesso che sei in questo stato di rilassamento ti immagini all'interno di un ascensore e guardi i numeri dove compare l'indicazione del piano in cui ti trovi. Sei al piano 21.

Pigia il tasto 0 e comincia la tua discesa verso la parte più profonda di te stesso. 21, 20, 19, e a ogni piano che vai scendendo vai entrando in uno stato di tranquillità, 18, 17, 16, senti che la Madre terra ti sta aspettando, 15, 14, 13, ti senti sempre più radicato e accolto.

12, 11, 10, il tuo corpo sente questa sensazione di distacco e di liberazione, 9, 8, 7, la tua mente si va liberando, 6, 5, 4, il tuo cuore batte a un ritmo molto calmo 3, 2, 1, sei arrivato. Si aprono le porte e ti trovi davanti una sala dove al fondo è situato un grande schermo di cinema.

È impressionante. E al centro della sala trovi una poltrona molto comoda. Di che colore è? Di che tessuto è fatta? La provi e scopri che à fantasticamente comoda. Ti rilassi e continui a esplorare.

Noti che ci sono dei bottoni sul braccio della poltrona e vedi di capire a cosa servono. Un tasto per accendere lo schermo. Un tasto per andare indietro. Uno per andare avanti. Uno per spegnere. Accendi lo schermo e vedi che cominciano a proiettarsi scene della tua vita.

Sono scene relative a emozioni che hai vissuto. Cominciamo con la rabbia. Adesso riesci a vedere questo momento iracondo della tua vita. Lo vivi in maniera piena. Cosa sta succedendo? Dove avverti queste sensazioni? In quale parte del tuo corpo? Cosa ti dici? Cosa pensi?

Adesso respira in maniera profonda e passiamo a un altro episodio della tua vita. Qui vai a rivivere l'emozione di gioia o entusiasmo. Lo vivi in maniera piena. Sei euforico. Cosa sta succedendo? Dove avverti queste sensazioni? In quale parte del tuo corpo? Cosa ti dici? Cosa pensi?

Adesso respira in maniera profonda e passiamo a un altro episodio della tua vita. Qui vai a rivivere l'emozione di tristezza. Lo vivi in maniera piena. Cosa sta succedendo? Dove avverti queste sensazioni? In quale parte del tuo corpo? Cosa ti dici? Cosa pensi?

Adesso respira in maniera profonda e passiamo a un altro episodio della tua vita. Qui vai a rivivere l'emozione di disgusto. Lo vivi in maniera piena. Cosa sta succedendo? Dove avverti queste sensazioni? In quale parte del tuo corpo? Cosa ti dici? Cosa pensi?

Adesso respira in maniera profonda e passiamo a un altro episodio della tua vita. Qui vai a rivivere l'emozione di paura. Lo vivi in maniera piena. Cosa sta succedendo? Dove avverti queste sensazioni? In quale parte del tuo corpo? Cosa ti dici? Cosa pensi?

Adesso respira in maniera profonda e passiamo a un altro episodio della tua vita. Qui vai a rivivere l'emozione di sorpresa. Lo vivi in maniera piena. Cosa sta succedendo? Dove avverti queste sensazioni? In quale parte del tuo corpo? Cosa ti dici? Cosa pensi?

È arrivato il momento di interrompere il film. Presto andremo a decidere come questo film proseguirà, però per il momento rimani con questa sensazione dei ricordi che hanno avuto valore nella tua vita e che presto ti serviranno per creare il tuo nuovo film secondo la tua migliore versione.

È arrivato l'ascensore. Spegni tutto e ti dirigi verso di lui.

Ritorni in superficie e avverti una sensazione di pace e di tranquillità che ti riempie.

Ora abbandona questo stato di rilassamento mentale così profondo, e ricordati che ogni volta che lasci questi livelli mentali ti senti più rilassato, in linea con te stesso e con la vita, in armonia con tutte le persone che ti circondano. Sei in perfetta forma, tranquillo e disteso.

La testa e i muscoli del collo sono rilassati, lo sguardo concentrato, la pressione del sangue e il ritmo del cuore saranno perfettamente regolari e tutto il corpo sarà sano.

Quando aprirai gli occhi ti sentirai sveglio, in perfetta forma e salute, in armonia con la vita.

(Puoi scaricare la visualizzazione collegandoti al sito web: www.danidimaggio.com/visualizzazioni).

2.9. Perché creare la miglior versione.

Da sempre l'uomo ha avuto come obiettivo fisso quello di migliorarsi, di crescere, di essere sempre qualcosa in più di ciò che era il giorno precedente.

Per questo la continua ricerca della scienza per migliorare il nostro stile di vita, la nostra esperienza di ogni giorno, le modalità su come conseguire in maniera più facile tutto ciò che prima era quasi impossibile.

Per questo oggi abbiamo macchine più comode e veloci, cellulari che sono computer portatili, tecnologia che sempre più ci avvicina a mondi che solo alcuni anni prima avremmo detto impossibili da creare.

Questa continua tendenza di migliorarsi è sempre esistita nell'uomo ed è la spinta che la specie si dà per andare avanti. Solo che prima i cambiamenti erano molto più lenti, oggigiorno tutto è più accelerato. Questa evoluzione la vediamo nell'architettura, nell'arte, nella maniera di vestire, di muoverci.

Seguendo questa tendenza è normale che sia intrinseco cercare una maniera per migliorare sé stessi e questo lo facciamo attraverso l'istruzione, le esperienze che possono arricchirci, attraverso l'aquisizione di maggiori risorse.

Perciò nasce questo lavoro sulla CreAzione della migliore versione, per rispondere a un bisogno esistenziale e profondo dell'uomo, ossia evolvere.

In genere le persone che vogliono cambiare lo fanno perché non si sentono comode con la personalità che le corrisponde e per raggiungere la felicità. Però sarebbe il caso di approfondire il concetto di felicità. Molti lo vedono come la ricompensa per il raggiungimento di qualcosa di difficile.

Ho lavorato tanto e ora ho tanti soldi come ricompensa e sono felice. Ho fatto tanti sacrifici e finalmente ho potuto comprare casa e sono felice. Sono stato molto tempo single e finalmente ho trovato un partner adesso e sono felice.

In realtà la felicità è uno stato dell'essere. Qualsiasi siano le circostanze del tuo intorno ti puoi concedere il privilegio di essere felice. Ecco perché il trovare uno stato più consono al tuo essere che chiamiamo stato del Meglio di te, questo sì che può farti raggiungere la felicità, poiché stiamo parlando di permanere in uno stato, per l'appunto di felicità.

"Questa è la storia di Marco Sibaldini, una persona che sempre aveva desiderato cambiare la sua vita ed essere qualcuno importante nella società per il suo bisogno di sentirsi amato e affermato.

Da quando era piccolo i suoi genitori gli avevano detto che era ritardato e che nella vita non avrebbe mai ottenuto nulla di buono. Era lento nel muoversi, nel parlare, e sempre tutti lo prendevano in giro.

Marco sognava di realizzare grandi cose e ci metteva tutta l'energia e la passione in ciò che faceva, però nessuno credeva in lui e non si sentiva capace di poter realizzare questo grande sogno che pertanto rimaneva tale.

Un giorno la madre ebbe un incidente mortale e il padre, che era molto dipendente da lei, in breve tempo morì di dolore al cuore.

Marco si ritrovò d'improvviso senza i due genitori. Doveva adesso cavarsela da solo, perché non c'erano più i suoi cari che gli rendevano la vita facile, che lo accudivano e pensavano alla sua esistenza.

Il resto della famiglia non voleva sapere nulla di lui per cui per disperazione cominciò a trovare tutte le maniere di sopravvivere. Doveva far durare in qualche modo i pochi risparmi che i suoi gli avevano lasciato e per questo aveva visto che il modo più celere era mettersi a investirli e farli fruttare bene.
Fu così che incominciò a studiare, a documentarsi, a formarsi e in poco tempo sviluppò una passione per gli affari, per i numeri e vedeva che gli piaceva rischiare e andare a scovare quelle occasioni che potevano essere delle piccole fortune e che col tempo si trasformarono in grandi fortune.

Fino a quando si ritrovò con un'immensa fortuna creata dai pochi risparmi dei suoi vecchi. Adesso era malinconico perché i suoi genitori non erano lì a poter godere dei suoi successi e in più non poteva dimostrare loro che era stato capace di trasformare la sua vita e viverla secondo la sua migliore versione.

E questa malinconia gli durò a lungo e quasi gli stava togliendo la voglia di proseguire negli affari fino a quando un'amica, che lo aveva sostenuto in quei tempi di trasformazione, gli disse: "Marco, se i tuoi genitori fossero ancora vivi comunque non ti avrebbero visto trionfare, perché saresti rimasto il Marco di allora, insicuro, lento, incapace, il ragazzo che loro stessi avevano programmato, per cui sii contento perché i tuoi genitori ti hanno lasciato vivere la tua vita e adesso puoi finalmente vivere la tua realtà senza condizionamenti, in maniera libera.
Segui il tuo percorso di vita e sii felice perché tutto questo te lo sei costruito da solo, partendo da zero. E ringrazia i tuoi genitori perché ti hanno lasciato alla fine libero di volare".

Da allora Marco continuò la sua crescita personale aiutando persone considerate incapaci a ritrovare questa fiducia e a essere la miglior versione, seguendo il suo esempio.

Adoravo le storie che Carlos ci raccontava. Mi facevano viaggiare ed emozionare allo stesso tempo. Pensare come la vita possa a volte nascondere dietro una tragedia una grande salvezza e opportunità.

Ovviamente devi saperla cogliere e non farti annichilire e ricorrere alle forze istintive e allo spirito di sopravvivenza che è più saggio a volte della nostra coscienza e che ci permette di fare azioni che mai avremmo pensato di compiere in una situazione ordinaria.

Un lavoro importante prima di intraprendere la creazione del meglio di te è stilare una lista di tutti i pensieri negativi che fanno parte della personalità attuale per eliminarli nella nuova versione.

Prendiamo il caso tu abbia un naso pronunciato e il tuo pensiero è che è buffo o troppo grande. Questo pensiero lo annoti nella tua lista nera. Una volta che avrai creato tutta la lista, faremo un lavoro di eliminazione di tutti questi pensieri negativi e semplicemente li andremo trasformando.

Per esempio, andiamo a trovare un attore o un cantante con un naso così grande che consideriamo affascinante. Allora cominci a entrare nel pensiero di questo personaggio e vai a scoprire cosa dirà lui circa il suo naso.

Probabilmente qualcosa come "il mio naso è speciale come tutto me stesso", o frasi costruttive che gli permettono di sentirsi tanto affascinante così come le persone lo percepiscono.

Se possiedi un difetto che pensi non abbia nessuno, per esempio un dito accavallato, allora immagina che uno dei tuoi personaggi di successo favoriti abbia lo stesso problema.

Cosa dirà lui a riguardo? "Amo tutto me stesso con tutti i pregi e i difetti" o qualcosa di positivo sicuramente. Occorre inoltre fare una lista di tutte le azioni che porterà avanti il nostro Meglio.

Ad esempio decidiamo che oggi:
- sono più permissivo e sorridente
- mi sento una persona di successo e felice
- faccio il mio rituale di potere abituale
- mi distacco da quegli episodi che mi generano sofferenza
- ignoro i fatti che mi portano in uno stato stressante e che debilitano la mia mente

- sorrido alle persone del mio intorno ecc.

Adesso tocca a te fare la lista della spesa. Quali sono i punti che vuoi che la tua migliore versione integri nella sua vita quotidiana?

1....................

2....................

3....................

4....................

5....................

2.10. Le 4 tappe del processo creativo.

Il processo creativo è qualcosa di speciale perché è come connettersi con un universo di informazioni dove il tutto già esiste e il nostro compito è semplicemente trasmetterlo alla terra.

Per questo tutti gli artisti e grandi geni entrano in uno stato di relax e di connessione quando vogliono creare qualcosa di grande o semplicemente uno stato alterato che permette loro di "vedere" cosa c'è di interessante al di là, che vibra col nostro essere e che possiamo trasmettere.

Quindi, quando parliamo di creazione in realtà noi non stiamo creando nulla di nuovo, stiamo solo canalizzando qualcosa di già esistente che su questa nostra realtà fisica è nuovo, per cui viene per così dire creato.

Adesso andiamo a conoscere il processo di creazione della migliore versione che si sviluppa in 4 tappe.

Prima tappa: idea. In questa fase vai a crearti un'idea di ciò che veramente vuoi realizzare attraverso la miglior versione. Qui si riuniscono tutte le idee ispiratrici che ci possono servire per questo grande processo creativo ed è importante appuntarle su un quaderno per averle sempre a portata di mano.

Durante l'intero processo che vedrai a breve, ti fornirò tutti gli elementi per agevolare l'iter di creazione di idee, che non è altro che una maniera di fare chiarezza e focus per direzionare tutto il restante processo.

Senza avere una meta chiara non si arriva da nessuna parte. Questo in qualsiasi processo. Quello che accade è che a volte ci prefiggiamo obiettivi di cambiamento, però siamo dispersivi e generici per cui non arriviamo mai a un punto dove veramente vorremmo giungere, anche perché non lo abbiamo chiaro neppure noi.

Puoi partire da un'idea generica, su vari aspetti come fisici, emozionali, di pensiero o di atteggiamenti che è importante per te raggiungere, in modo che tutto abbia un senso nel trascorrere delle altre tappe su cui andremo a lavorare.

Per cui principalmente sarà opportuno che cominci a pensare a idee di trasformazione relativamente ai 4 corpi.

• Fisico

• Mentale

• Emozionale

• Spirituale

Esiste la teoria dei 4 corpi che è qualcosa di importante da tenere in considerazione quando siamo nella fase di "idea", affinché possiamo introdurre tutti gli elementi che possano contribuire al miglior risultato.

Avere un buono stato fisico del corpo è importante perché è lo strumento attraverso il quale noi ci muoviamo per vivere questa esperienza. Se non ne abbiamo cura, limitiamo il mezzo stesso che ci permette di conoscere per cui il risultato dipenderà da esso.

Come se andassimo in viaggio e non curassimo l'auto cambiando l'olio, fornendo una buona benzina, gonfiando le gomme. Se non facciamo tutto questo, la stessa esperienza del viaggio ne va pregiudicata, perché dovremo fermarci più spesso per via di avaria, o dovremo andare più lenti del dovuto.

Così come è importante curare l'aspetto corporale con una buona alimentazione, dormendo profondamente, con dell'esercizio fisico e con stretching o yoga o attività che permettano una buona circolazione di tutto il nostro sistema.

Non è forse vero che quando stai male possono proporti il miglior piano o la migliore esperienza della tua vita però non hai voglia neanche di pensarci? Ogni cosa puoi viverla intensamente e assaporarla solo con salute.

Per cui questo è il primo passo che devi tenere in considerazione quando sei nella fase di idee per la tua migliore versione. Introdurre idee salutari perché possa migliorare la tua esperienza in tutto il resto.

Poi abbiamo il corpo mentale, che si relaziona con i pensieri, ossia impulsi elettronici. Sappiamo che tutto è energia, e che i pensieri sono capaci di creare. Io per costruire qualcosa la devo prima avere nella mia mente.

Perciò cominciare a programmare i pensieri positivi, ovvero che possano darmi sempre più potere e forza e adottarli come mantra o come nuove abitudini quotidiane, sicuramente è un altro aspetto fondamentale in questa fase tanto importante.

Poi dobbiamo pensare anche al corpo emozionale, che riguarda tutte le nostre emozioni. L'essere umano è tutta emozione. Da quando ci svegliamo a quando andiamo a dormire siamo inondati dalle emozioni.

Solo non sappiamo molto spesso gestirle o le giudichiamo come se dovessimo solo provare le cosiddette buone emozioni ed evitare le cattive, senza capire che non esiste questa classificazione e che si tratta solo di viverle in profondità e trasmutarle in ciò che più ci può essere utile.

Ultimo aspetto da tenere in considerazione è l'aspetto del corpo eterico, ossia l'aspetto che meno consideriamo ma che risulta essere il più importante. Infatti, la realtà fisica rappresenta solo una minima percentuale di tutto ciò che esiste.

Significa che i nostri sensi ci permettono di percepire solo l'uno per cento di tutto quello che ci circonda. Per cui cominciare a prendere in considerazione l'aspetto eterico diventa di fondamentale importanza.

Questo significa superare le barriere di concetti che ci fanno sentire limitati e piccoli e che ci aprono a una prospettiva ampia.

Questo tipo di lavoro interiore per riconnettersi con il tuo Io interiore è accuratamente esplorato nel mio libro *Il viaggio interiore*, che potrebbe essere un pezzo fondamentale per la tua crescita personale con coscienza.

Seconda tappa: immaginazione. Si passa al 3D immaginando tutti i dettagli che avevamo visto in precedenza però già dando loro vita, espressione viva, descrizioni dettagliate, messa a punto.
Qui è questione di lavorare con la mente, viaggiare senza limiti ed esplorare. Molto spesso siamo abituati a pensare in piccolo, a tenere i piedi per terra, a non farci illusioni ed è un peccato perché la cosa più bella nella vita è proprio fare questi sogni a occhi aperti e vedere la maniera in cui realizzarli.

Qualcuno disse di puntare alle stelle per arrivare alla luna. Se punti in alto, sempre più lontano, arriverai rispetto a dove arriveresti se ti ponessi limiti molto prossimi.

Per stimolare l'immaginazione potresti vedere film di fantascienza, o leggere storie fantastiche o addirittura essere tu a scriverle di pura fantasia.

Questo stimolerà sicuramente la tua mente per immaginare scenari della tua vita molto più stimolanti che quelli che sarebbero ispirati da una vita monotona e sempre uguale.

Per questo la tappa dell'immaginazione è fondamentale nel processo, poi andremo con le altre fasi a realizzare tutto nel concreto, però con il tocco stravagante di qualcosa che potrebbe essere unico e divertente.

Terza tappa: messa in scena. Qui si tratta di vivere tutto il lavoro fatto in precedenza e animarlo. Tutti i gesti, gli sguardi, il look che era stato disegnato e immaginato si riporta alla realtà per viverlo.

È la parte apparentemente più complicata però allo stesso tempo più divertente, perché si tratta di mettere in atto tutto il lavoro di immaginazione in vivo, provare e riprovare, trovare la maniera per avvicinarci a ciò che stava nella nostra mente per trovare il piacere di vedere i risultati immaginati.

Qui ci vogliono molta costanza, coscienza e umore. Prendersi troppo sul serio non serve perché irrigidisce tutto il sistema e senza un sorriso o un buon atteggiamento di divertimento si raggiungono difficilmente grandi obiettivi.

Quarta tappa: visione oggettiva. Si tratta qui di mantenere una coscienza oggettiva di ciò che ci succede osservandoci da fuori, con una visione generale, vivendo gli episodi come se fosse un'altra persona a viverla per mantenere questo punto di vista oggettivo, che ti permette di prendere coscienza di tutto ciò che accade intorno a te.

È come vedere un film dove ti riprendono. Non ti è mai capitato di vederti e non riconoscerti? Dire "ma questo non sono io!!!". Ciò succede perché non hai sviluppato una visione oggettiva di guardarti da fuori. Con l'esercizio questo ti diverrà molto naturale.

Adesso che abbiamo chiare le 4 tappe servirà seguire un percorso per addentrarci nel lavoro della vera e propria creazione della tua migliore versione attraverso la tecnica dell'attore.

Tale processo prevede 7 fasi che possiamo semplificare in questi seguenti punti:

1. Obiettivo

2. Ostacoli

3. Modeling

4. Mentalità

5. Lavoro sul corpo

6. Racconto finale

7. Messa in azione

Vediamo come funziona questo processo. Cominciamo con il punto più importante, ossia la chiarezza dell'obiettivo che vogliamo raggiungere.

RIEPILOGO DEL CAPITOLO 2

- SEGRETO n. 1: la bella notizia è che possiamo cambiare e ogni volta che ti concentri su chi vuoi essere in maniera determinata tutto l'universo cospira affinché ciò possa manifestarsi nella tua realtà; del come non ti devi preoccupare, solo aver fede.

- SEGRETO n. 2: il tempo non esiste in una linea orizzontale quanto in una linea verticale, ossia tutto accade nello stesso istante.

- SEGRETO n. 3: tutto ciò che puoi immaginare è realizzabile, perché già esiste, ovviamente non nella tua linea esistenziale.

- SEGRETO n. 4: il lavoro da fare è connettere con questa versione esistente in un universo parallelo, notare tutti i dettagli che possiede e andare a poco a poco slittando da una linea all'altra fino ad arrivare a quella linea dove è presente questa nostra migliore versione per manifestarla nella nostra realtà.

- SEGRETO n. 5: esiste un numero infinite di possibilità che non percepiamo perché non si intrecciano con la nostra, pur essendo reali.

- SEGRETO n. 6: per manifestare la realtà devi prima condizionare tutta la parte interiore e agire come se lo avessi già ottenuto.

- SEGRETO n. 7: l'immaginazione, al pari dei muscoli, ha bisogno di essere allenata.

- SEGRETO n. 8: se ti attacchi al risultato non fai altro che allontanarlo da te. Secondo la legge della dualità, devi porre un gran desiderio e poi svincolarti dal risultato che prima o poi arriverà.

- SEGRETO n. 9: per il lavoro di immaginazione è importante entrare in uno stato rilassato e produttivo a livello di creatività che è lo stato alfa; una volta creato questo stato di tranquillità, possiamo cominciare il processo di visualizzazione.

- SEGRETO n. 10: qualsiasi cosa tu voglia creare, prima devi generarla nella mente, per cui crei un'immagine, la relazioni a un'emozione, poi metti l'azione e da lì crei il tuo mondo.

- SEGRETO n. 11: le emozioni sono energie capaci di trasformarci in maniera profonda.

- SEGRETO n. 12: la felicità è uno stato dell'essere e qualsiasi siano le circostanze del tuo intorno ti puoi dare il privilegio di essere felice: per questo vivere la tua migliore versione ti può

92

far raggiungere la felicità, perché significa mirare a uno stato, appunto, di felicità.

- SEGRETO n. 13: il processo di creazione della migliore versione si sviluppa in 4 tappe: idea, immaginazione, messa in scena, visione oggettiva.

Capitolo 3:
Come definire obiettivi e ostacoli

"Nel lavoro del creare la miglior versione molti pensano che stiano fingendo. In realtà si tratta di ritrovare l'io reale nascosto dentro noi stessi e dargli forma attraverso le immagini e gli oggetti che meglio lo risaltano e lo fanno esprimere. Questo non è fingere, anzi è essere più realisti che mai".

Carlos

3.1. Quanto sono importanti gli obiettivi?

Carlos sapeva rendere sempre le sue lezioni molto interessanti e questo mi faceva venire ogni volta voglia di approfondire e andare oltre.

Egli ci ripeteva che l'uomo ha bisogno, per apprendere, di seguire un metodo, dei passi, dei percorsi. Per questo nelle sue lezioni ci spiegava tutto sempre seguendo una metodologia, affinché per noi fosse più semplice ricordare e poi eseguire.

Fu così che appresi il metodo dei sette passi per creare un personaggio, che ho utilizzato al fine di creare la migliore versione di Sé. Sono passi che vanno seguiti uno alla volta per poter ottenere il risultato finale che desideriamo.

E come sempre diceva il mio gran maestro, non possiamo saltare nessuno dei passi di una metodologia perché se qualcosa è stato messo nel percorso è perché ha un senso.

E ci parlò di un suo alunno, Enrico, che seguiva i suoi corsi e che era solito essere anticonformista e contrario al seguire regole o percorsi, perché diceva che erano limitanti e che l'uomo deve essere in ogni momento libero di scegliere senza avere delle norme o delle regole.

Allora cominciò a non applicare il metodo nella maniera corretta, e fu così che il suo personaggio nacque senza carattere, senza una base solida e lui stesso notò che gli mancava qualcosa rispetto agli altri personaggi, per cui seppe riconoscere l'importanza del metodo.

È per questo che adesso ti andrò a spiegare i 7 passi che serve seguire per poter creare la tua migliore versione e che vanno fatti in maniera sequenziale senza saltarne nessuno. Da questo dipenderà il tuo risultato.

Carlos diceva sempre: "Le cose se vuoi farle, falle bene. Se ottieni un risultato ti godrai il premio, se non l'ottieni per lo meno non avrai rimpianti per non averlo fatto nella maniera nella quale doveva essere fatta".

Per cui, se non vuoi provare la sensazione di delusione che ha vissuto Enrico, ti consiglio di dare il meglio di te sin da ora, seguendo le varie fasi. Vedrai che la tua opera d'arte presto prenderá forma.

Partiamo quindi dal primo passo da cui dove iniziare il nostro viaggio di trasformazione, che è quello che dà il senso a tutto l'intero lavoro: l'obiettivo. Senza una meta non esiste un viaggio.

Siamo esseri il cui istinto di sopravvivenza ci porta a cercare una meta e la nostra vita emozionale dipende solo dal nostro bisogno di raggiungerla per poterci porre altre mete ancora più grandi e lontane.

Per cui come l'attore che crea il suo personaggio, anche tu dovrai cominciare a imparare a utilizzare le tue emozioni che ti aiuteranno a entrare nella tua migliore versione, e per far ciò devi designarti un punto di arrivo.

La domanda a cui dare una risposta sarà: Cosa voglio ottenere creando la mia migliore versione? Dove voglio arrivare? È realistico come obiettivo? Come mi fa sentire? Qual è la mia meta importante nel fare questo lavoro di ricerca e creazione? È un obiettivo che voglio per me o che altri vorrebbero per me? Se così fosse, chi sono questi altri?

Le risposte potrebbero essere tante. Voglio vivere un essere eccezionalmente passionale e generoso. Voglio vivere l'emozione di essere intraprendente e dinamico. Voglio sperimentare cosa significa essere affascinante e con un'intelligenza sottile.

Per raggiungere un simile obiettivo, devi procedere in un modo tale che questo possa marcare un cambiamento a livello fisico ed emozionale.

Infatti, le emozioni guideranno l'espressione interna del tuo corpo, il fisico la parte esterna ed entrambi dovranno andare in consonanza. Inoltre, l'obiettivo principale deve essere semplice, basico e capace di porti in azione, motivarti al cambiamento. Altrimenti nulla si manifesterà senza questa forza basica.

Perciò è molto importante fare questo primo lavoro di chiarezza perché ti accompagnerà lungo tutto il cammino e sarà quello che ti darà l'energia per andare avanti, soprattutto quando sentirai che vuoi mollare il tutto perché questo non fa per te, rischiando di rimanere intrappolato nella maschera di sempre che, per quanto stretta sia e per quanto male faccia, alla fine te la fai piacere.

Per cui, cominciamo a vedere quali sono i tuoi obiettivi, le ragioni per cui vuoi operare questa trasformazione nella tua migliore versione:

Il mio obiettivo è ....

A livello fisico mi darà.......................................

A livello mentale mi permetterà...........................

A livello emozionale mi apporterà........................

A livello spirituale mi apporterà ....

Ti riporto un esempio di obiettivo affinché ti possa risultare più semplice.

Il mio obiettivo è creare una versione di me più determinata e decisa, a livello emozionale mi apporterà sicurezza, fiducia da parte degli altri e amore verso me stesso e a livello fisico avrò una postura più stabile, più equilibrata e più centrata e a livello spirituale mi farà sentire più connesso con il mio Io superiore.

Molto bene. Dedicati un tempo per riflettere su questo punto prima di andare avanti con il secondo passo.

Carlos ci raccontava che una sua alunna, Elisa, non riusciva a capire l'importanza di porsi un obiettivo. Diceva che l'essere umano non è una macchina, che non può sempre stare dietro a qualcosa. Deve vibrare libero e non farsi condizionare dalla società che ti dice quello che devi o non devi fare. Per cui si rifiutava nella sua vita personale e nel lavoro dell'attore di porsi un obiettivo fin quando Carlos le raccontò la storia della barchetta.

"C'era un uomo che un giorno decise di avventurarsi per il fiume con una barca. In realtà voleva vivere l'esperienza di galleggiare per il fiume e non aveva nessuna intenzione se non quella di godersi un tragitto così, senza meta.

Passò il tempo e vide che la barchetta veniva come trascinata dalla corrente con sempre maggiore forza verso una voragine e alla fine fu trasportato verso una cascata e finì con l'essere travolto concludendo così in tragedia la sua avventura esplorativa".

La morale di questa storia è: se ti lasci trasportare dagli eventi senza dare una direzione o un obiettivo, la vita stessa ti porterà dove vuole e ci sarà un punto dove non potrai più decidere di fare marcia indietro.

Infatti, solo le persone sagge, che sono preparate a qualsiasi avversità, possono permettersi il lusso di stare, viaggiare senza meta, perché conoscono la maniera, in ogni traversia, di poterne facilmente uscire.

A coloro che sono nel transito e non hanno raggiunto ancora questa saggezza, ben conviene avere chiara la direzione e la meta che vogliono raggiungere e concentrare tutte le loro energie in quella direzione. Sapranno che prima o poi potranno raggiungere la meta desiderata.

3.2. Come poter individuare i propri ostacoli.
Gli ostacoli sono delle difficoltà o limitazioni di tipo fisico, emozionale o mentale che interferiscono nel raggiungimento dell'obiettivo.

Infatti, qui possiamo inserire tutto il tema legato agli aspetti della vergogna, al pensiero di non farcela, di non essere all'altezza, che è impossibile cambiare o riguardo alla statura bassa che mai potrà conferire potere per esempio, o a una gran sensibilità che mai ti permetterà di parlare in pubblico. Ognuno avrà le sue proprie limitazioni.

Esercizio importante da fare è rendersi conto di quali sono i tuoi ostacoli affinché poi ci si possa lavorare in profondità. Ovviamente, trova quelli più difficili, esigenti, che potrebbero procurarti dei problemi ma allo stesso tempo stimolarti nel superarli.

Alcuni di questi ostacoli potrebbero essere la timidezza, il rifiuto degli altri, la sensazione di disagio, l'insicurezza, la paura di fallire o di essere buffo o sentirsi stupido nel fare qualcosa di poco usuale ecc.

Cominciamo a fare una lista, secondo l'ordine e tipologia di ostacoli che riconoscerai di avere e che potrebbero essere limitanti nel tuo lavoro.

1. Ostacoli fisici ....

2. Ostacoli emozionali ....

3. Ostacoli mentali ....

4. Ostacoli spirituali ....

Carlos ci raccontava che uno degli ostacoli più grandi che le persone incontrano durante questo percorso è la vergogna. Allora cominciò ad andare alle origini di questo sentimento.

È come se qualcosa di sconosciuto non ci permettesse di agire, qualcosa che non conosciamo a cui attribuiamo questo nome. Se poi andiamo ad approfondire nel dettaglio è la paura che gli altri ci possano giudicare male, però poi quando ci chiediamo quanto ci importa il giudizio delle persone ci rendiamo conto che quasi nulla e che le persone che veramente ci amano seguiteranno ad amarci anche nel caso in cui dovessimo cambiare, soprattutto in meglio.

Quindi notiamo che la vergogna è la maschera di un meccanismo di autoconservazione che scatta in automatico e che semplicemente ci blocca per impedirci di esprimere il meglio di noi stessi, perché abbiamo programmato tutte le cellule in un certo modo e loro non sanno riconoscere se un cambiamento è corretto o incorretto, semplicemente seguono il principio di conservazione.

Ecco spiegato come evitare la vergogna, semplicemente rieducandoti mentalmente e comunicando a tutto il tuo sistema che è questo il nuovo stile di vita.

Ecco che sparisce la vergogna, che perde tutto il senso che prima le davamo e comincia la libertà di scegliere ciò che è meglio per noi stessi.

Gli sciamani utilizzavano un viaggio interiore per fare dei cambi al passato che poteva rappresentare un limite.

Qui puoi seguire una visualizzazione per poter superare gli ostacoli del passato e liberarti per poter riscrivere il tuo passato e vivere secondo la nuova prospettiva della tua migliore versione.

Visualizzazione per superare gli ostacoli.
Adesso chiudi gli occhi e fai un respiro profondo. Trova una posizione comoda e rilassata che ti permetta di stare al tempo stesso cosciente della visualizzazione che andiamo a fare insieme.

È importante che concentri la tua attenzione sulle respirazioni profonde. Vedere l'aria che entra dalle tue narici, che attraversa i tuoi polmoni riempiendoli fino agli alveoli.

Ti riempi di ossigeno e di energia ed espirando vedi l'anidride carbonica carica di tutte le impurità andare su e uscire dalle tue narici e avverti questa sensazione di purificazione.

Ti concentri sull'inspirazione per riempirti di energia pura e sull'espirazione per svuotarti di tutti i pensieri negativi di tutte quelle emozioni pesanti accumulate che si liberano nell'aria.

Vivi questo processo di ricambio in maniera cosciente e presente. Inspira. Espira. Inspira. Espira.

Adesso che sei in questo stato di rilassamento, ti immagini all'interno di un ascensore e guardi i numeri dove compare l'indicazione del piano in cui ti trovi.

Sei al piano 21. Pigia il tasto 0 e comincia la tua discesa verso la parte più profonda di te stesso.

21, 20, 19 e a ogni piano che vai scendendo vai entrando in uno stato di tranquillità, 18, 17, 16, senti che la Madre terra ti sta aspettando; 15, 14, 13, ti senti sempre più radicato e accolto, 12, 11, 10, il tuo corpo avverte questa sensazione di distacco e di liberazione. 9, 8, 7, la tua mente si va liberando, 6, 5, 4, il tuo cuore batte a un ritmo molto calmo, 3, 2, 1, sei arrivato.

Si aprono le porte e ti trovi davanti la tua sala cinematografica privata dove al fondo è situato un grande schermo di cinema. Lo accendi e cominci a osservare un episodio di qualcosa che ti blocca.

Rivedi proiettata esattamente tutta la scena e lo schermo si va sempre più ingrandendo fino a quando ti vedi dentro, osservi tutto l'episodio e vedi il tuo Io in difficoltà, vivendo esattamente questo momento e rimani a osservarlo.

Adesso ti senti il regista della scena e cominci a dire a tutti cosa fare, compreso al tuo Io, e cambi la scena. Senti come cambiano le emozioni della scena e come anche per te tutto ciò si converte in un'emozione che ha molto potere.

Da fuori cominci a capire molto di più. Ora puoi osservare e cambiare le cose. Sai che hai una lezione da imparare da questo episodio, per cui attui con il massimo rispetto affinché tutti possano apprendere.

Sai bene che il dolore serve per apprendere e memorizzare, semplicemente adesso lo comprendi e lo usi. Ti senti alleggerito da questo episodio. Ti scopri diverso.

Ringrazi tutti i partecipanti alla scena che sono stati dei fantastici personaggi, e ritorni alla poltrona comoda del tuo studio con soddisfazione.

È arrivato il momento di interrompere il film. Hai appreso abbastanza per oggi. È arrivato l'ascensore. Spegni tutto e ti dirigi verso di lui.

Ritorni in superficie e provi una sensazione di pace e di tranquillità che ti riempie. Ora abbandona questo stato di rilassamento mentale così profondo, e ricordati che ogni volta che lasci questi livelli mentali ti senti più rilassato, in linea con te stesso e con la vita, in armonia con tutte le persone che ti circondano.

Sei in perfetta forma, tranquillo e sereno. La testa e i muscoli del collo sono rilassati, lo sguardo concentrato, la pressione del sangue e il ritmo del cuore saranno perfettamente regolari e tutto il corpo sarà sano.

Quando aprirai gli occhi ti sentirai sveglio, in perfetta forma e salute, in armonia con la vita.

(Puoi scaricare la visualizzazione collegandoti al sito web: www.danidimaggio.com/visualizzazioni).

RIEPILOGO DEL CAPITOLO 3

- SEGRETO n. 1: senza una meta non esiste un viaggio.

- SEGRETO n. 2: è importante trovare gli ostacoli che potrebbero procurarti dei problemi ma allo stesso tempo stimolarti nel superarli.

Capitolo 4:
Come dar vita alla tua migliore versione

"Una grande vita si crea nella mente e poi ci si lascia il privilegio di viverla realmente".

Carlos

4.1. Come il modeling ti può ispirare.

"A me non piace copiare nessuno, voglio essere originale", annotò Giuseppe che odiava la gente che imitava i propri idoli. "Tutti noi siamo esseri originali però allo stesso tempo siamo una sintesi di tutto ciò che ci circonda", gli rispose Carlos.

"Tutti noi abbiamo dentro i neuroni specchio che in maniera automatica ci portano a imitare dei modelli. Sono cellule che diventano attive quando un'azione compiuta da un altro fa 'risuonare' nell'interno di chi osserva l'azione come se fosse lui stesso ad agire.

Quindi una sorta di imitazione. L'unica cosa che facciamo è rendere questo processo cosciente. Infatti possiamo utilizzare questo meccanismo automatico in maniera che vada a nostro favore e dirgli quali modelli scegliere per attuare. Non è fantastico?".

Giuseppe fece una smorfia e non seppe in realtà cosa rispondere. Si rese conto che stava seguendo degli esempi che erano ribelli e contrari a seguire modelli, però si accorse che lui stesso li stava utilizzando da modello, per cui dovette cedere e dare ragione a Carlos, che sempre in maniera gentile e profonda ci faceva riflettere sui meccanismi automatici che si innescano dentro di noi e di cui non siamo molto spesso coscienti.

Sin dalla nostra nascita siamo alla ricerca di modelli, di persone a cui far riferimento, che ci guidano nella costruzione della nostra personalità. Questi modelli possono essere cantanti, attori, giocatori, professori o a volte i nostri stessi genitori.

Ciò che è interessante in questa attività di modeling è che lo facciamo in maniera inconsapevole. Quando scegliamo dei vestiti, la casa dove andare a vivere, l'orologio che vogliamo indossare, è perché in mente abbiamo questi modelli che inconsciamente tracciano un profilo a cui aneliamo.

Ecco perché quanto più riusciamo a chiarirci sui modelli aspirazionali, più facile sarà disegnare la tua migliore versione, per cui possiamo rendere cosciente questo processo di modeling.

Carlos, quando dovevamo interpretare un personaggio, ci diceva di documentarci in maniera dettagliata, sapendo cosa gli piaceva e cosa no, come viveva, quali erano le sue passioni e come trascorreva il tempo, domandandoci che tipo di pensieri o emozioni potesse avere.

Lo stesso potrai fare tu. Scegli i modelli che più ammiri e approfondisci i dettagli, ricerca sui libri, sulle riviste o in rete il maggior numero di informazioni possibili, e scopri cosa più ammiri di loro.

Il lavoro da fare è non diventare una loro copia ma in maniera più creativa trovare i tratti che più ti piacciono e metterli nella tua lista della spesa. La tua migliore versione sarà un buon mix del meglio dei tuoi modelli per cui sicuramente originale e adatta ai tuoi gusti.

Questo non significa che se di un modello ti piace l'altezza e tu sei basso diventerai alto solo immaginandolo. Però puoi immaginare cosa prova una persona a sentirsi alta, quali sono le sue percezioni, per esempio di dominare una situazione, o sentirsi protetta e trovi altri modi per rivivere queste sensazioni di sicurezza derivanti magari da una forza corporale o da un carattere più deciso su cui sicuramente è più facile lavorare.

Per cui ti lascio alla tua lista della spesa e vai ordinando secondo il modello che ti ispira, le caratteristiche che ti appassionano e scoprendo il perché ti piacciono cosí tanto da introdurle nella tua migliore versione.

4.2. Come cambiare la mentalità.

Il potere della mente è fondamentale. Possiamo con la mente realizzare cose incredibili. Ci sono molte persone che conoscono il potere mentale e lo utilizzano. Per esempio, nelle attività agonistiche molto lavoro viene fatto con l'immaginazione.

Persone che si allenano solo mentalmente e acquisiscono abilità che altri con il lavoro fisico non raggiungono. Un esempio Artur

Schnabel, famoso pianista che dedicava più ore all'allenamento mentale che fisico al piano con eccellenti risultati.

E questo perché la mente non distingue tra qualcosa di reale e qualcosa di fortemente immaginato. Reagisce nella stessa maniera. Perciò un film di terrore può avere successo o per la stessa ragione accade che, pensando al nostro dolce favorito, cominciamo a produrre saliva nella nostra bocca solo visualizzandolo.

L'immaginazione è l'elemento chiave per il cambiamento e quindi è importante lavorare sulla visualizzazione e su come questa può diventare un'abitudine per creare la nostra realtà.

Sempre dobbiamo avere una visione chiara nella nostra mente per poi passare all'azione. Quando parliamo di cambiamento di personalità è importante focalizzarsi sul concetto di immagine di sé stessi.

Può capitare di vedere uomini oggettivamente brutti attorniati da belle donne e uomini piacevoli di aspetto che trovano difficoltà a relazionarsi con le donne? Ti sei mai chiesto perché questo succede? Non ti capita di vedere donne molto robuste che con l'atteggiamento ti fanno dimenticare le grandi forme e anzi te le fanno apprezzare? Da cosa dipende tutto ciò?

Dall'immagine di sé stessi. Quello che ti comunichi dentro è ciò che fuori viene percepito. Se ti senti orribile e poco attraente nessuno ti guarderà. Sei tu a decidere in maniera incosciente quello che vai a proiettare fuori.

Questo è un punto molto importante perché molti potrebbero non intraprendere questo fantastico viaggio di trasformazione solo perché ritengono di essere oggettivamente poco atti a essere affascinanti, decisi o poter fare questo cambiamento, considerandolo solo dal punto di vista fisico, pensando che il solo rimedio possa essere un tema chirurgico.

Per cui datti la possibilità di credere che il potere di cambiare è dentro e lavorando il tuo interiore puoi cambiare la tua vita. Non a caso ho scritto un libro, *Il viaggio interiore*, in cui parlo dell'importanza di conoscersi e di trasformarsi dal profondo.

Cambiare l'esteriore è come correggere l'errore sul foglio di carta e pretendere che quando imprimiamo un'altra volta il foglio non venga fuori l'errore. Per correggere l'errore lo devi fare nella parte interna e vedrai che questo non tornerà a capitare.

Cambia l'immagine del tuo Io e magicamente cambieranno il comportamento e la personalità.

È importante sapere cosa intendiamo per "Immagine dell'Io": è l'immagine che noi creiamo di noi stessi. Nel farlo andiamo ponendo i limiti dove pensiamo che non possiamo superare e stabiliamo gli atteggiamenti di sopravvivenza basici che ci vengono programmati dal nostro intorno, attraverso ciò che ascoltiamo, che vediamo, che sperimentiamo in prima persona o attraverso l'esperienza di persone a noi vicine.

Tutto ciò crea il nostro Io. Il cervello costruisce così un sistema programmato, che può essere di un'attitudine al miglioramento e al successo o al contrario all'insuccesso. È qualcosa che va in automatico e la persona non si rende conto.

E se una persona ha il software dell'insuccesso e fa di tutto per ottenerlo senza cambiare la parte basica, a nulla servirà la fatica che compirà. Il suo programma si applicherà fino a quando non si effettua un cambiamento profondo, nella parte incosciente.

Se vuoi verificare come funzionano il nostro corpo e il nostro meccanismo automatico, prova da seduto a ruotare il tuo piede destro con un senso rotatorio orario e mentre fai questo con la mano destra, disegna un 6.

Sicuramente avrai notato che il tuo piede ha cominciato a girare in senso antiorario. Cosa significa questo? Che l'automatismo interno ha più potere della tua parte cosciente. Così che il lavoro da fare insieme va diretto alla parte incosciente e andremo a ricreare l'immagine dell'Io. Per questo è importante agire e sperimentare, se vogliamo un cambiamento reale.

Un consiglio che posso darti è quello di eliminare durante tutto questo processo il giudizio e mettere in pratica quello che ti proponi durante questo percorso. Se solo lo lasci per iscritto non genererà esperienza e quindi il cambiamento.

A seconda dell'opinione che hai di te stesso agirai. Se pensi di essere una persona timida, non ti esporrai su un palco davanti a una moltitudine a parlare.

E come si consegue tutto ciò? Semplicemente "essendo quello che ti proponi". Il famoso "agire come se": qui sta la chiave più importante di tutto il percorso che andremo a vivere insieme.

Sicuramente una delle chiavi che ti occorreranno in questo processo sarà la chiarezza. Non serve a nulla sapere che possiamo utilizzare l'aereo per viaggiare se non sappiamo dove andare. Prima è importante che ti chiarisci le idee su quali sono i tuoi obiettivi da raggiungere.

Per questo ti può aiutare fare tutto un lavoro per scoprire quali sono i tuoi obiettivi nella vita, la tua missione, i tuoi valori.

Per questo segui il mio programma di WhatsApp gratuito che in 7 giorni ti può far capire quali sono e come metterli in atto. Ti basta scrivere al mio WhatsApp +34692109087 e ti informerò sul successivo gruppo che vado formando per seguire degli audio giornalieri e approfondire questi temi.

una maniera dinamica di apprendere qualcosa di basico per la tua vita.

4.3. *Il lavoro sul corpo.*

Il lavoro sul corpo è la parte più complessa da eseguire. È per questo che dedicheremo una parte importante del testo a questo punto.

Innanzitutto, dobbiamo considerare vari fattori, cominciando proprio dal lavoro vibrazionale, perché anche se pensiamo che il corpo è fatto di materia, ormai sappiamo che è fatto di energia, di spazio e particelle che hanno un'apparenza solida ma che in realtà sono infiniti vuoti di spazi.

Dopodiché, parleremo dell'importanza del respiro, che è vitale e che come avviene in automatico quasi ci dimentichiamo che esista.

Altri elementi importanti che vedremo lungo questa parte li

possiamo riassumere nei seguenti punti principali:

- Il lavoro vibrazionale

- Il respiro

- La voce e il lavoro con le vocali

- Lo sguardo

- La postura e la gestualità

- Il look di scena

- La comunicazione (verbale e non).

Cominciamo con la parte più importante, ossia quella vibrazionale.

a) Il lavoro vibrazionale
Carlos sempre ci ricordava che nella creazione del personaggio era molto importante la parte in cui si connetteva con una buona vibrazione.

Infatti, poiché tutto è energia, tutti noi siamo esseri vibrazionali e possiamo scegliere tra vibrazioni positive o negative e queste vengono influenzate dai sentimenti che proviamo.

Per questa ragione, come per la creazione del personaggio, nel lavoro per la creazione della miglior versione è importante focalizzarsi su 7 elementi importanti.

1. Pensieri.

Ogni pensiero crea. Infatti, quando pensi che stai emettendo una frequenza verso l'universo e se questa è negativa – di tristezza, di rabbia – cosa credi che ti ritornerà come energia?

Da qui l'importanza di generare sempre vibrazioni positive. Se fossi cosciente di questo effetto non ti sogneresti mai di stare con pensieri negativi se non nel caso di voler vivere esperienze drammatiche, per cui ogni volta che stai creando vibrazioni negative prendi coscienza e cambia subito polarità e vedrai presto il risultato.

2. Il tuo ambiente.

Le persone che ti circondano hanno un'influenza su di te. John Rhone diceva che noi siamo la media delle 5 persone che più frequentiamo. Se le persone che ti circondano sono felici, allegre, sorridenti, positive, tu sarai influenzato da questa sensazione e ti sentirai d'improvviso così.

Quando invece attorno a te circolano persone tristi, depresse, che non amano ciò che fanno e si lamentano di tutto ciò che succede intorno a loro, questo alla fine ti farà sentire più triste e disperato.

A volte siamo circondati da vampiri energetici che ci assorbono tutte le energie e ci fanno sentire scarichi.

Per questa ragione è importante scegliere le persone che ci circondano e se non possiamo farlo perché sono della famiglia o siamo costretti per varie ragioni a conviverci, lasciar loro poco margine e soprattutto proviamo a schermarci. Come? Semplicemente creando uno scudo di protezione.

La visualizzazione dello scudo di protezione.
Adesso chiudi gli occhi e fai un respiro profondo. Trova una posizione comoda e rilassata che ti permetta di stare al tempo stesso cosciente della visualizzazione che andiamo a fare insieme.

È importante che concentri la tua attenzione sulle respirazioni profonde. Vedere l'aria che entra dalle tue narici, che attraversa i tuoi polmoni riempiendoli fino agli alveoli. Ti riempi di ossigeno e di energia ed espirando vedi l'anidride carbonica carica di tutte le impurità andare su e uscire dalle tue narici e avverti questa sensazione di purificazione.

Ti concentri sull'inspirazione per riempirti di energia pura e sull'espirazione per svuotarti di tutti i pensieri negativi di tutte quelle emozioni pesanti accumulate che si liberano nell'aria. Vivi questo processo di ricambio in maniera cosciente e presente. Inspira. Espira. Inspira. Espira.

Adesso che sei in questo stato di rilassamento, ti immagini all'interno di un ascensore e guardi i numeri dove compare l'indicazione del piano in cui ti trovi.

Sei al piano 21. Pigia il tasto 0 e comincia la tua discesa verso la parte più profonda di te stesso. 21, 20, 19, e a ogni piano che vai scendendo vai entrando in uno stato di tranquillità, 18, 17, 16, senti che la Madre terra ti sta aspettando, 15, 14, 13, ti senti sempre più radicato e accolto.

12, 11, 10, il tuo corpo avverte questa sensazione di distacco e di liberazione. 9, 8, 7, la tua mente si va liberando, 6, 5, 4, il tuo cuore batte a un ritmo molto calmo, 3, 2, 1, sei arrivato.

Si aprono le porte e ti trovi davanti la tua sala con in fondo un grande schermo di cinema e la tua poltrona e ti siedi comodamente.

Ti siedi nella tua poltrona e cominci a proiettare la tua immagine nello schermo e rivedi tutti quegli episodi in cui ti sei sentito attaccato da persone o ambienti che ti hanno tolto energia e costruisci attorno alla tua immagine una bolla trasparente che è come un'onda protettiva che non lascia passare nessuna onda negativa.

Questa bolla ti protegge e impedisce alle persone e agli ambienti circostanti di poterti fare danno o di toglierti o assorbire la tua energia. Ti senti protetto in tutte le occasioni che desideri. La puoi vedere solo tu da fuori. Che colore è? Come si presenta? Quanto è grande?

Adesso devi solo scegliere un comando per attivare questa bolla protettiva. Scegli un nome. Adesso. E ogni qual volta avrai bisogno di questa bolla protettiva basterà che anche solo mentalmente richiami il nome di questa bolla e ricrei sempre mentalmente un gesto che puoi anche fare realmente con un movimento per ancorarlo bene dentro di te ed essere più forte e la tua bolla apparirà.

Sotto questa bolla niente e nessunopotrà importunarti. Adesso che hai creato la tua bolla, puoi spegnere tutto quanto e riprendere nuovamente l'ascensore per tornare allo stato di coscienza Beta, con la consapevolezza di tutto il lavoro appena fatto e del nuovo strumento che possiedi per proteggerti dalle energie negative circostanti.

Spegni lo schermo. È arrivato l'ascensore. Ti dirigi verso di lui. Ritorni in superficie e avverti una sensazione di pace e di tranquillità che ti riempie. Ti senti protetto e sicuro. Sai che nulla potrà scalfire il tuo essere da oggi.

Ora abbandona questo stato di rilassamento mentale così

profondo, e ricordati che ogni volta che lasci questi livelli mentali ti senti più rilassato, in linea con te stesso e con la vita, in armonia con tutte le persone che ti circondano.

Sei in perfetta forma, tranquillo e sereno. La testa e i muscoli del collo sono rilassati, lo sguardo concentrato, la pressione del sangue e il ritmo del cuore saranno perfettamente regolari e tutto il corpo sarà sano.

Quando aprirai gli occhi ti sentirai sveglio, in perfetta forma e salute, in armonia con la vita.

(Puoi scaricare la visualizzazione collegandoti al sito web: www.danidimaggio.com/visualizzazioni).

3. La musica.

La musica è vibrazione pura e pertanto ha un potere immenso. Se ascolti note tristi, malinconiche o peggio musica distorta, tutto ciò va a interferire con la tua vibrazione.

L'elemento musica ti servirà molto nella creazione della tua migliore versione perché ti aiuterà a creare maggior potere attorno a te stesso.

Il dottor Masaru Emoto, scienziato e ricercatore giapponese, ha fatto vari studi sulle vibrazioni della musica e gli effetti che questa apporta all'acqua.

Ha esaminato al microscopio e fotografato i cristalli che si formano durante il congelamento di diversi tipi d'acqua, esponendola a parole scritte, a musica, preghiere, parole pronunciate, utilizzando vari tipi di acqua.

Quello che riuscì a osservare era che i cristalli cambiano a seconda dei messaggi e delle vibrazioni che l'acqua riceve. Di fronte a parole e pensieri positivi come amore, tenerezza, gioia, si formano dei cristalli bellissimi simili a quelli della neve, vibrazioni musicali discordanti e parole e pensieri negativi invece creano strutture amorfe e prive di armonia.

L'acqua ha grandissima memoria ed è in grado di registrare la vibrazione di un'energia estremamente sottile. E come ben sappiamo, noi siamo fatti per il 99% di acqua secondo recenti studi effettuati da Gerald Pollack, professore di Bioingegneria presso l'Università di Washington.

Adesso puoi immaginare che effetto può avere su di te la musica. Ecco la ragione per la quale utilizzo molto la musica durante i miei seminari. È una maniera di trasmettere il messaggio a tutte le cellule del tuo corpo attraverso emozioni e vibrazioni.

Per cui immagina la musica che la tua miglior versione possa ascoltare, ispirandoti ai tuoi modelli, e vedrai il cambiamento potente che otterrai.

Si parla anche di musica a 432 Hertz e di come questa influisca sulla coscienza. La stessa scienza ha svelato i misteri della risonanza e quale può essere l'impatto sul nostro stato.
Noi di natura vibriamo a una frequenza della felicità, dell'amore, della salute e abbondanza e questa vibrazione corrisponde a 432 hz. Però nell'arco della storia si è passati alla frequenza di 440 hz.
Perché si è avuto questo cambiamento repentino?
L'universo vibra naturalmente a 432 hz e come la musica è

espressione della coscienza, tutti gli strumenti musicali erano sintonizzati su quella frequenza.

Nel 1939, durante la Seconda Guerra mondiale, Joseph Goebbels introdusse la frequenza del tono a 440 hz per cui tutta la musica fu convertita su questi nuovi parametri, che furono tra l'altro approvati dall'Organizzazione internazionale per la standardizzazione (Iso) nel 1953, nonostante il referendum creato dal professor Dussaut del Conservatorio di Parigi firmato da 23.000 musicisti francesi, che erano a favore della conservazione a 432 hz, per preservare l'armonia musicale con la vibrazione musicale dell'universo.

Questo faceva in modo di tenere le persone in uno stato alterato e non allineato alla propria coscienza, come prigioniere. Le opere classiche sono rimaste con il tono a 432 hz e per questo la musica di Mozart, per esempio, aiuta la memoria a raggiungere uno stato superiore di intelligenza.

Sempre più persone si stanno rendendo conto di ciò e ci sono già movimenti per ripristinare la vecchia frequenza come ha fatto l'Istituto Schiller che chiede il ritorno alla frequenza originale. Di fatto artisti come Pink Floyd o Mick Jagger hanno già utilizzato questo cambiamento, notando gli effetti positivi sul pubblico.

Tutto questo è la verifica dell'importanza della musica che ascolti e delle parole che pronunci e che ricevi da fuori, che non sono altro che suoni e vibrazioni costanti.

4. Cose che vedi.

Tutte le immagini che guardi in maniera cosciente o incosciente durante il giorno, che siano sui giornali, in Internet o in tv, influiscono sul tuo cervello perché rimangono impresse nella parte subconscia.

Per questo non è molto utile vedere il telegiornale perché ti riempie la testa di disgrazie e pensieri negativi. Anche film violenti incidono nella tua mente. Meglio guardare documentari o film che innalzano la frequenza e ti fanno sentire meglio una volta terminati, qualcosa che ti faccia sognare, ti ispiri, ti faccia seminare pensieri che poi possono portarti a qualcosa di magico.

Molti si divertono a guardare scene di terrore, di paura, o di violenza reali o fittizie che siano. Non sanno che tutto questo si registra nel profondo dell'inconscio e genera dei risultati, che possono essere blocchi, paure, ansie, un'idea del mondo negativa, e sicuramente tutto ciò non potenzia il tuo stato. Per cui, sii selettivo riguardo a tutto quel che vedi.

5. Un ambiente ordinato.
Si dice che quando hai confusione nella tua vita la migliore ricetta è cominciare a fare ordine nel tuo spazio, perché se fai ordine e vivi in uno spazio ordinato, pulito, chiaro tutto questo si rifletterà nella tua vita interiore.

Anche il fare spazio eliminando cose che ormai non servono dà l'idea all'universo che ci sia posto per ricevere novità. Tutto quello che ti circonda, ti parla di te. Se c'è ordine o disordine, se c'è pulizia o sporcizia, se c'è armonia o se c'è disarmonia. Tutto ciò che vedi influenza il tuo essere. "Come è fuori è dentro. Come è dentro è fuori". Per cui, cerca di aver cura di quello che ti circonda, dei film che vedi, dell'ambiente intorno a te, perché tutto questo va a influenzare ciò che è dentro di te. E ovviamente dipendendo dallo scopo che ti prefiggi, tutto avrà un suo significato.

6. *La parola.*

Le tue parole hanno potere di manifestazione. La Bibbia dice che il Verbo si fece carne e intendeva proprio questo letteralmente. La parola diventa realtà. Per cui parlare male abbassa la vibrazione e attira tutto ciò che è della stessa vibrazione.

Quindi eliminare le parole e i pensieri di lamentela, evitare i drammi, le controversie, l'atteggiamento di vittima permette di aumentare la vibrazione ed essere la miglior versione.

In più, nel lavoro del personaggio la scelta delle parole è fondamentale per cui dovrà esserlo nel tuo lavoro relativo alla tua opera d'arte. Non dimenticarlo!

Devi apprendere a utilizzare parole che il subconscio comprende. Per esempio, non esiste la parola provare. Io provo a venire, significa che può darsi che verrai o può darsi che no. Il nostro subconscio comprende solo parole di azione chiara. Tentare significa stare in uno stato di limbo che non vuol dire nulla.

Come la negazione, non viene riconosciuta. Per questo è necessario esprimersi sempre in positivo. Anche perché ogni parola ha una vibrazione. Non voglio aver paura, stai pronunciando e vibrando seguendo la parola paura, e anche se inserisci un "non", questo non impedisce la pronuncia di tale vibrazione. Voglio sentirmi sicuro, ha già un'altra vibrazione facilmente riconoscibile.

7. La gratitudine.

Il ringraziare permette al corpo in sé di vibrare più in alto per cui assumere l'abitudine di ringraziare per tutto ti permette di focalizzarti di più sul tuo intorno e di sentire una gioia intrinseca dentro di te.

Migliaia di persone sono riuscite a cambiare completamente la propria vita miserabile in una piena di prosperità solo attraverso la gratitudine. Va bene in caso di salute, anche in casi dove non c'era nessuna speranza, casi come problemi gravi ai reni, cuori che da malati improvvisamente guariscono tumori, problemi incurabili alla vista che per miracolo guariscono completamente.

Questo si può applicare anche alle relazioni, all'economia personale e di impresa, a tutti gli ambiti della vita. Le persone più sagge di fatto sempre hanno usato la gratitudine che è la più alta espressione di amore.

Gesù, per esempio, prima di fare un miracolo ringraziava. Ogni volta che ringrazi, ti stai connettendo con una forza universale.

E non devi credere a me o alle migliaia di persone che lo hanno sperimentato. Prova tu stesso. Pensa a una persona, alle cose che più ami di quella persona, e poi a voce alta, o semplicemente nella tua mente, richiamando gli episodi per cui sei grato, osserva i dettagli e rendi grazie.

Tutta questa gratitudine che hai generato ti ritornerà moltiplicata. Stai dando amore attraverso la gratitudine.
Lo stesso quando esprimi questa sensazione di ringraziamento per quello che hai, che ti circonda, per piccolo o grande che sia, riceverai tanto di più. Puoi essere grato per cio che hai ricevuto,

per ciò che possiedi nel presente e per ciò che verrà a breve.

Questo va ad attirare cose magnifiche nella tua vita. Ringraziare per aver ricevuto qualcosa che desideri è come se già le avessi ricevute e presto o tardi arriveranno. Questo ti permette di attrarre quella persona o oggetto di desiderio, in maniera fluida e con amore.

Ringraziare non è solo ripetere una parola: è sentirlo con tutti i sensi: con gli occhi che vedono, con le orecchie che ascoltano, con la bocca che parla, con il naso che profuma e con tutto il corpo che sente. Ringraziare per poter parlare, camminare, scrivere, muoversi.

b) Il respiro
Adesso andiamo a lavorare sull'elemento interno più importante che conosciamo: il respiro. Spesso ci dimentichiamo di respirare, tanto va in automatico e siccome siamo nell'era dell'automatizzazione, il respiro è la ultima cosa che ci ricordiamo di curare.

Parliamo quindi dell'importanza della respirazione. Questa può essere principalmente polmonare o diaframmatica. Quest'ultima nel mondo dell'arte è molto importante e gli attori esercitano molto i movimenti del diaframma, che è un muscolo che ci permette di controllare la pressione sui polmoni e quindi di calibrare lo strumento potente che abbiamo che è la voce.

Andiamo a vedere i vari tipi di respirazione che possono essere utili, uno per azzerare il sistema e poi per dargli coscienza. Per questo ricorriamo alla grande scienza del respiro degli yogi.

Ecco alcune tecniche che utilizziamo nello yoga per creare equilibrio, ossigenare bene corpo e mente e soprattutto per prendere coscienza del tutto.

Nello yoga infatti si divide il corpo in tre parti: regione addominale, regione diaframmatica e regione pettorale o clavicolare. Ecco perché ci sono tre respiri di base:
Respirazione bassa o addominale, che si ha quando l'aria entra nel diaframma, cade e il ventre si gonfia. Quando l'aria viene espulsa, il diaframma si alza e la pancia si sgonfia. È un respiro

per rilassarsi.

Respirazione alta o clavicolare che è superficiale e richiede sforzo. All'ispirazione, le spalle sono sollevate e l'addome è contratto.

Respirazione profonda, quando riempiamo i polmoni per completo dall'alto verso il basso e quando si espira svuotando completamente. Solo le costole si muovono e l'aria entra dal naso ed esce attraverso la bocca.

Quindi possiamo ricorrere a vari tipi di respirazioni yogiche. *Sukha Purvaka.* Respirazione semplice che consiste nello svuotare completamente i polmoni e fare un respiro profondo. Si trattiene l'aria per otto secondi stringendo il mento. Poi si alza la testa e si espira profondamente per otto secondi.

Anuloma viloma. È una respirazione alternata che aiuta a equilibrare l'energia. Si sostiene l'indice della mano destra tra le sopracciglia e il pollice chiudendo la narice destra. Si inspira dal lato sinistro. Si trattiene cinque secondi. Si chiude la narice sinistra con l'anulare destro, si apre quella destra e si espira da quel lato.

Ti mantieni senz'aria per cinque secondi. Poi inspiri da destra, tenendo chiusa la fossa di sinistra, trattieni l'aria ed espiri a sinistra, chiudendo la destra.

Ujjayi. Respirazione sana o respirazione yoga del naso. Consiste nel rilassare ed equilibrare il sistema nervoso. Ti siedi comodamente, inspirando ed espirando attraverso il naso con l'addome facendo rumore con la gola, come se avessi il respiro pesante o dovessi creare un alone su uno specchio.

Questo ti aiuta nel sentire il respiro e visualizzare il suo passaggio lungo i canali respiratori e ti aiuta anche nella concentrazione.

Bhramari. Produce una vibrazione simile a quando si pronuncia "OM" e aiuta a calmare la tensione. Puoi sederti comodamente e inspirare profondamente sette secondi ed espirare, aprendo leggermente le labbra in modo da sentire un ronzio. L'espirazione si può mantenere per 14 secondi.

Kumbhka. Si inspira per 7 secondi. Si mantiene l'aria per 7 secondi. Espiri negli altri 7 e ti mantieni senza aria per gli ultimi 7 secondi. Ripeti il ciclo almeno 10 volte. Man mano che diventi più esperto, puoi aumentare la ritenzione e il tempo di respirazione, sempre dello stesso numero.

Tutte queste respirazioni ti servono come spunto per lavorare sul respiro, puoi trovare quella con cui riesci meglio o crearti tu la respirazione personalizzata che più ti funziona. L'obiettivo in questo caso è prendere coscienza e controllo del respiro.

Addentriamoci ancora di più nel mondo della respirazione e pensiamo ai polmoni come se fossero delle borse che si riempiono di aria, però non sono in grado di farlo da soli perché non hanno muscoli, come è invece il cuore, per cui hanno bisogno di altri muscoli come quelli del torace, che però non riempiono completamente i polmoni; le persone che lavorano molto con la voce, ad esempio, hanno bisogno di maggiore ossigeno.

Per questo si parla di respirazione diaframmatica, con appunto il diaframma che è il muscolo che si trova alla base dei polmoni, però ha un'azione più profonda ed efficace sui polmoni.

Quello che si ottiene da una respirazione diaframmatica è che la respirazione sarà più profonda e ci sarà un maggior controllo dell'atto di inspirazione ed espirazione.

Per ben utilizzarlo ai nostri scopi, soprattutto per il lavoro che faremo successivamente con la voce, andiamo a vedere alcuni esercizi che Carlos ci insegnò per aiutarci a padroneggiare questo tipo di respirazione.

Innanzitutto, cominciamo a vedere dove si trova il diaframma. In piedi e con due dita fai una leggera pressione giusto dove finisce lo sterno e comincia il tuo addome e respira di petto. Non sentirai alcun movimento perché come detto prima se respiriamo di torace il diaframma non si muove.

Prova adesso a sdraiarti sul suolo con la bocca verso l'alto e tocca sempre il tuo stomaco nello stesso punto di prima e respira normalmente. Noterai che la mano sul tuo petto non si muove e che invece si muove la parte del tuo addome.

Quello che dobbiamo fare è ricreare questo tipo di respirazione di quando siamo sdraiati anche quando siamo in piedi.

Un'altra cosa importante è respirare sempre con il naso perché questo filtra l'aria e quindi la riscalda e non va a danneggiare direttamente le corde vocali come avverrebbe nel caso di una respirazione a bocca aperta.

Volendo approfondire sul diaframma, possiamo cominciare a scoprire come allenarlo. Prendi aria molto lentamente, mantieni il fiato alcuni secondi e poi espira molto piano. Ripeti tutto ciò 3 o 4 volte.

Il beneficio di questo esercizio è prima di tutto che ti dà coscienza del diaframma e che così lo puoi allenare ed evitare che diventi pigro come tutti i muscoli che non utilizziamo.

Puoi ricorrere a questa tecnica di rilassamento in qualsiasi momento tu ne abbia bisogno. Funziona molto con stati di paura, ansia o stress. In più, se ti concentri sulle parole "inspiro" "espiro" o contando semplicemente "uno, due", otterrai anche molta serenità e concentrazione.

Adesso la parte più importante che ci servirà molto nel lavoro sulla voce sarà il controllo del respiro. Sappiamo trattenere l'aria però dobbiamo esercitarci per farlo il maggior tempo possibile per poter gestire in maniera cosciente la respirazione in ogni momento. Questo è il trucco per avere dominio sulla voce.

Per cui un altro esercizio che potresti fare consiste nel prendere aria col diaframma e lasciarla il più lentamente possibile, senza sforzo, però senza mai bloccare il filo di respiro che emetti.

Per sapere se lo stai facendo bene, potresti prendere una candela e notare che la fiamma si muove sempre senza mai spengersi e man mano allontanare la candela perché tanto più distante sarà tanto più forza dovrai impiegare nel soffiare, sempre evitando che si spenga.

Questo ti aiuterà ad acquisire sempre maggior controllo sulla tua respirazione.

c) La voce e il lavoro con le vocali

Come sappiamo, la comunicazione è la parte più importante nella creazione della nostra miglior versione e sappiamo anche che è per il 55% comunicazione non verbale, ossia il linguaggio del corpo (gesti, mimica facciale, posture).

Il 38% è dedotto dagli aspetti paraverbali (tono, ritmo, timbro della voce); il 7% è dedotto dalle parole pronunciate, cioè dal contenuto verbale. Anche se noi diamo peso al linguaggio verbale, ci rendiamo conto di che peso abbia tutto il resto.

Per cui cominciamo adesso a parlare del paraverbale e ci soffermeremo sulla voce. Carlos su questo punto insistette molto perché lo considera lo strumento per comunicare il nostro mondo interiore ed è quindi fondamentale saperlo utilizzare bene.

Alcuni pensano che la propria voce sia quella che esce emettendo aria dalle corde vocali. Lo stesso sarebbe prendere un flauto e semplicemente soffiare. Sicuramente suona, con che suono però? Se davvero vogliamo ottenere il miglior risultato dalla nostra voce dobbiamo prendercene cura. Innanzitutto con esercizi vocali.

Iniziamo ad allenare la voce che poi ti servirà per la tua migliore versione. L'intenzione non è quella di fare un corso di voce per il teatro, semplicemente curare gli aspetti basici affinché possa avere coscienza della tua voce e di quella che vorresti avere nella tua migliore versione. Quindi focalizzati almeno su questi punti:

Altezza che può essere acuta o grave.

Volume che dipende dall'energia che viene trasmessa alle membrane timbriche.

Timbro che permette di essere riconosciuti.

Ritmo che dipende dai suoni emessi dalla voce nel tempo.

Quando parliamo è fondamentale evitare una voce monotona perché le persone si distraggono facilmente per cui è importante variare. In più una voce grave dà autorevolezza pertanto è bene tenerlo a mente. Dipendendo dalle emozioni che vogliamo esprimere sicuramente i toni saranno differenti. A toni acuti troviamo la collera o il terrore. Un po' più gravi saranno gioia ed entusiasmo ma sempre nella sfera acuta.

Tenerezza, tristezza o noia saranno nei toni più gravi. Questo potrà orientarci nel momento in cui vogliamo scegliere le nostre emozioni attraverso la gestione della voce.

Suggerimenti per l'uso della voce:
- eliminare i suoni riempitivi che danno insicurezza e tolgono forza e piuttosto rispettare il silenzio che è molto più potente;
- utilizzare le pause per dare mistero, catturare l'attenzione, per dare il tempo di concepire il concetto, tempo di rispondere a una domanda.

L'entusiasmo lo possiamo esprimere con un volume un po' più alto, con voce piena e un'intonazione variabile. L'autorevolezza, come visto, la possiamo ottenere con una voce bassa e calda. La voce leggera e sottile invece dà un senso di immaturità.

Avere una voce piatta indica indolenza e depressione, se troppo acuta inconsistenza o rigore. Fare pause lunghe dà un senso di dubbio e insicurezza; se è tremula è come se stessi provando paura o sottomissione.

Tutti questi sono dettagli che dovrai curare una volta che ti accingerai a fare questo gran lavoro sulla voce. Prova a registrarti e a notare come moduli la voce e cosa cambiare per raggiungere l'effetto che desideri risvegliare negli altri.

Fare poi delle respirazioni profonde aiuta molto. Respirare con il naso evita di maltrattare le corde vocali. Prima di parlare prendere aria per non rimanere senza a metà. Il fatto di prendere fiato prima di parlare, inoltre, permette di ossigenare il cervello.

E infine abbi cura della velocità, che sia piacevole per le persone che ti ascoltano e soprattutto comprensibile. Non vuoi che le persone si distraggano e perdano il filo del tuo discorso, vero?
Uno degli esercizi che Carlos ci ha insegnato e che trovo ottimo da applicare nell'uso della voce è il canto delle vocali. A parte avere una potenza nella voce, allo stesso tempo aiuta a elevare la frequenza vibratoria del corpo per cui ha un'utilità incredibile, e questo aiuterà sicuramente il lavoro sulla creazione della miglior versione.

Ciò perché quando emettiamo dei suoni coscienti questi hanno influenza sulla materia e possono addirittura accelerare la trasmutazione cellulare da cui dipende l'evoluzione dell'essere umano.

Ogni vocale ha una sua specifica frequenza. Possiamo distinguere i 3 suoni origine che sono la "a" la "u" e la "m" che di fatto creano il famoso suono dell'Om, il suono universale che si usa tanto nello yoga.

Questi 3 suoni sono gli unici che si possono pronunciare senza lingua, tutti gli altri derivano dall'articolazione che la lingua esercita mixando questi 3 suoni origine. Per questo l'Om è il suono origine dell'universo, dove tutto si connette e si si utilizza tanto nelle pratiche.

Inoltre, il suono Om vibra a 432 hz, ovvero la vibrazione dell'universo.

Adesso andiamo ad approfondire più nel dettaglio. La vocale "a" viene avvertita a livello della gola, la "u" vibra alla base della spina dorsale e nel basso ventre. La "e" dà una sensazione di tranquillità. La "i" è più incisiva. Su un piano emotivo, ciascuna vocale induce uno stato d'animo differente.

Poi, se cominciamo ad associare le vocali con le consonanti che a loro volta hanno una differente tonalità, il suono della vocale – o la sua combinazione – agisce contemporaneamente sul piano fisico, energetico e mentale. Non abbiamo idea del potere che possediamo con la parola e con la voce.

Ecco perché ci sono alcune lingue che hanno un effetto sanatore come quando ripetiamo dei mantra e questo perché giustamente il suono vibra nel nostro corpo e sana. Perciò parliamo del potere del "verbo".

Con la tecnologia moderna siamo in grado addirittura di localizzare con precisione la risonanza di ogni vocale nel corpo e poterle associare una frequenza. Abbiamo visto in precedenza il potere della parola: dobbiamo però considerare anche il tono, e il potere magico e ipnotico che si può avere solo sapendo utilizzare correttamente i suoni.

Concentriamoci solo su esercizi facili di intonazione delle vocali a-e-i-o-u e sugli effetti benefici che possono generare. Il semplice fatto di intonarle ti rende consapevole della loro rispettiva collocazione all'interno del corpo.

Ora andiamo a esercitarci con i suoni delle vocali attingendo dalle loro sane vibrazioni tutti i benefici possibili. Puoi cantare ciascuna vocale – o combinazione di vocali – sul suono che ti viene più spontaneo, cercando di non mettere la parte razionale della mente.

Ciascuno di noi possiede tutta una gamma personale di suoni e può scoprirli semplicemente dando voce alla propria "tastiera" vibratoria.

Per esempio, il primo suono che emettiamo appena svegli contiene in sé il suono della parte incosciente perché stiamo appena passando dall'incosciente alla parte di veglia.

Però anche durante tutta la giornata può essere interessante lasciare per un po' da parte la mente e fare delle respirazioni profonde e connettere con il proprio suono. Anche qui parliamo di alzare la nostra vibrazione attraverso il suono, questa volta attraverso il suono interiore.

Cominciamo a fare una piccola esplorazione scegliendo uno o due suoni per volta, senza accanirci a volerli provare tutti in una volta sola.

La vocale "u": il suono del radicamento. È un suono di radicamento, di centratura alla terra, che ci fa sentire la pesantezza del corpo, che vibra alla base della spina dorsale e nel basso ventre. Se cominciamo ad associare questo suono a certe consonanti come la "s" o la "w" – come "su" o "wu" – questa vocale acquisisce una potenza incredibile.

Se poi guardi la forma della "u", questa rappresenta l'unione dei lati opposti, del maschile e del femminile, come i due poli di un magnete. Il suono "u" quindi ha il potere di migliorare le radici alla terra e, attraverso le sue armoniche, permette di dare un salto di coscienza molto alto.

Riassume in sé stati di emozioni profondi ma allo stesso tempo teneri e dolci. Facendo riferimento ai chakra, che accompagnano tutto il mio lavoro come coach trasformazionale ampiamente trattato nel mio primo libro, *Il viaggio interiore*, questo suono è relazionato al primo chakra e alle ghiandole surrenali.

Si può utilizzare questa tonalità per infondere alla propria voce un radicamento, un senso di fermezza. Sappiamo che più saliamo con le tonalità e più daremo un senso di leggerezza al nostro discorso.

Per cui possiamo giocare con queste vibrazioni e utilizzarle seguendo il fine che ci proponiamo in ciò che vogliamo comunicare.

La vocale "e" (chiusa): dar passione al tuo discorso.
La "e" chiusa corrisponde al secondo chakra, relativo all'apparato genitale, dei reni e della vescica ed esprime la continuità, la trasformazione eterna, la fonte della vita. Crea un equilibrio con il corpo fisico e lavora per il miglioramento delle relazioni di coppia.

Utilizza questa tonalità per sedurre la persona che ti ascolta. Potrai comunicare direttamente alla parte istintiva della persona che ti ascolta ed essere più convincente.

La vocale aperta: il potere delle emozioni.
Il suono della "e" aperta entra in corrispondenza del terzo chakra (che si trova appena sotto l'ombelico), il plesso solare (sterno) e il pancreas e si relaziona al potere interiore, la parte saggia del nostro corpo che sta nello stomaco.

Se utilizzi questo tono sarai percepito con profondità e la persona che ti ascolta si sentirà accolta e sicura.

La vocale "i": aprire il cuore.
Si riferisce al quarto chakra corrispondente al cuore e fa aumentare le energie al punto da trasmettere un sentimento di compassione verso gli altri. La risonanza della vocale "i" viene avvertita in tutta la zona cardio-polmonare.

Qui risiedono la gioia, l'amore, la bellezza della vita, la risata, che apre il cuore e tutto il sistema si espande coinvolgendo anche le persone che ti ascoltano. La "i" può essere quindi cantata con il sorriso per trasmettere gioia a chi sta intorno.

La vocale "a": libertà di espressione.

La "a" è in relazione al quinto chakra. Con questo suono otterrai chiarezza in ciò che dici. La vocale "a" favorisce gli stati di calma, di pace e serenità. Siamo a livello della gola e agisce sui blocchi della voce e sblocca la capacità espressiva.

Puoi così liberare la voce che può essere affettata da un umore o un sentimento che la blocca, sbloccando la comunicazione. Bisogna aver cura di emettere il suono "a" nasalizzandolo leggermente e distendendo bene la mascella inferiore e il volto.

Se senti un blocco a livello della gola, comincia a focalizzarti sulla gola e sulle tue corde vocali, liberati delle emozioni di paura, ansia e frustrazione che annebbiano la tua mente e canta il suono "ha", insistendo sull'"h" aspirata e facendo lo sforzo di rientrare il ventre a ogni espirazione sonora. Sentirai che tutto si va sciogliendo a poco a poco e liberando.

La vocale "o": segnare una traiettoria.

Questa vocale ci riporta a livello della fronte nella sede del sesto chakra, tra le due sopracciglia, anche se la vibrazione viene avvertita in tutta la testa. Immagina la vocale "o" come se fosse un tunnel che le tue labbra formano quando la canti.

È una vocale di passaggio, di trasformazione. Richiama molto il suono dell'Om poiché, chiudendo la bocca, crei una vibrazione nasale in modo del tutto naturale: "o mmm".

Il simbolismo della "o" evoca certamente il cerchio, la perfezione, e allo stesso tempo il vuoto dove perdere la coscienza e fluttuare.

È il suono che ci spinge verso la parte più incosciente di noi stessi, fino alla nullità dove sta il Tutto.

La vocale "i" (acuta): realizzazione.

Siamo nel settimo chakra alla sommità del cranio ed è un suono che vibra alla sommità del cranio e stimola l'attività dell'epifisi (ghiandola pineale).

Da questa dipendono ormoni come la dopamina, importante per la nostra psiche e per la costruzione delle immagini mentali. Per cui se alterni i suoni "i-o" in un registro acuto, avvertirai che la risonanza si sposta dalla sommità del cranio alla fronte.

Intonare la "i" acuta stimola l'attività cerebrale e risveglia le proprie capacità ultra-sensoriali.

d) Lo sguardo

La parte più espressiva del volto è certamente lo sguardo. Possiamo concentrarci su vari elementi che compongono l'espressione di uno sguardo: la dilatazione involontaria delle pupille, l'orientamento degli occhi mentre stiamo socializzando, l'inarcamento delle sopracciglia forniscono messaggi chiari al nostro intorno.

Possiamo esprimere molto, semplicemente con uno sguardo. Se ti domandano se ti piace qualcosa, solo il movimento degli occhi, lo spalancare e ritrarsi indietro comunica chiaramente il messaggio. Non sono necessarie le parole.

È vero che mantenere lo sguardo dà una sensazione di interazione e il distogliere può comunicare distrazione e a volte può essere interpretata come mancanza di educazione.

Anche il guardare fisso una persona può innervosire la stessa o, se c'è un interesse reciproco, provocare piacere: la reazione dipende sempre da come si interpretano le intenzioni, per cui dobbiamo aver cura che tutto sia fatto con rispetto e con coscienza.

Per questo uno degli elementi più importanti da curare quando stiamo lavorando sulla creazione è lo sguardo. È reale che gli occhi siano lo specchio dell'anima e quindi non puoi ingannare nessuno con gli occhi, solo puoi cambiare la tua anima da dentro ed esprimerlo con gli occhi.

E questo sarà il nostro focus. Infatti il trucco sta nel ricreare interiormente la nostra migliore versione che poi si esprime esteriormente.

Facciamo un esempio: se io dentro mi sento insicuro, sarà impossibile con lo sguardo esprimere sicurezza, perché il tuo sistema entrerebbe in corto circuito. Per cui, andiamo a lavorare sulla sicurezza sentendola dentro, creando questa sensazione nel nostro intimo e poi permettiamo di esprimerla con lo sguardo che in questo caso sarà reale.

Abbiamo ottenuto un cambiamento profondo e questa è la parte più importante. I cambi interiori che si possono fare sono infiniti, dipendono dallo stato di partenza della persona e da dove questa vuole arrivare. Importanti sono la costanza e l'impegno che si mettono nel lavoro di allenamento.

Sicuramente, una delle funzioni principali dello sguardo è quella di lasciar trapelare lo stato emotivo. Di uno sguardo possiamo distinguere la durata, l'intensità e la direzione che dipendono dal tipo di emozione espressa.

Gli occhi sono l'espressione di ciò che abbiamo dentro, della nostra anima e dobbiamo aver cura di curare la loro espressione.

Ci sono atteggiamenti di espressione delle nostre emozioni che noi stessi non controlliamo. Per esempio, se proviamo felicità, attrazione o rabbia tendiamo a guardare più fissamente negli occhi; per contro, quando invece viviamo emozioni come imbarazzo, dolore o disgusto, la tendenza è quella di orientare lo sguardo in basso o di lato.

Lo stesso avviene negli animali dominanti o negli uomini con carattere dominante che guardano fissamente negli occhi dell'altro, quando invece si ha un carattere remissivo si distoglie lo sguardo.

Questo ti dice l'importanza di controllare e gestire lo sguardo a seconda di ciò che vuoi esprimere.

In base alle emozioni che vuoi comunicare, puoi scegliere lo sguardo da adottare e allenarti a mantenerlo, così come fa l'attore interpretando il suo personaggio.

Se vuoi manifestare felicità, guarda dritto negli occhi. Tanto più distogli lo sguardo, tanto meno efficace sarà il carattere della tua miglior versione.

Ci sono ricerche condotte da Reginald Adams e Robert Kleck in cui è stato dimostrato che dei volti neutrali hanno un che di felice o di rabbioso se lo sguardo è diretto verso l'interlocutore rispetto a quando viene rivolto altrove. Quindi è molto importante dove dirigi il tuo sguardo.

e) La postura e la gestualità

Tutto ciò che riguarda il gesto e la corporalità è di estrema importanza nel caso in cui vogliamo tener coscienza della nostra comunicazione.

È vero che anche quando non parliamo la stessa lingua con i gesti riusciamo sempre a farci capire perché sono qualcosa di universale, anche se non tutti, perché dipende molto dalla cultura, però per lo scopo che ci interessa è sufficiente avere coscienza di gesti che facciamo e dar loro il significato che vogliamo, senza doverli utilizzare in maniera insensata e con uno scopo a volte opposto a quello che abbiamo.

Così che, se la tua miglior versione vuole dimostrare certezza e sicurezza, comincia a lavorarci su.

La postura rappresenta la maniera in cui noi occupiamo lo spazio attraverso il corpo, cioè il modo in cui stiamo in piedi, seduti o sdraiati. In questo siamo molto condizionati dalla società, da ciò che è permesso o non permesso dalle convenzioni sociali.

Per semplificare possiamo fare riferimento a 3 posizioni basiche:

- posizione eretta;
- posizione seduta (o rannicchiata o inginocchiata);
- posizione sdraiata.

Anche la postura rappresenta un forte elemento comunicativo. Se entra una persona importante, per esempio, la postura di rispetto potrebbe essere quella di mettersi in piedi, o quando entra il prete per dire la messa, in forma di ossequio o di inginocchiarsi di fronte a un sovrano in senso di rispetto.

Una grande apertura del corpo indica un atteggiamento positivo e accogliente, e viceversa, la chiusura è un chiaro segnale di rifiuto. In più, quanta più sicurezza ha la persona tanta più naturalità dimostrerà con il suo corpo, al contrario, invece, avrà chiari segni di rigidità.

Sentire l'allineamento con l'energia della terra dà potere ed equilibrio. Inoltre, poggiare bene la pianta dei piedi, in una posizione stabile, dà sicurezza alla persona che sta attuando.

Gestire tutto il nervosismo che ci fa andare da un posto all'altro o ci fa dondolare per scaricare la tensione è un'abitudine da cambiare, a meno che non sia una scelta mirata con cui si vuole dare un senso di instabilità.

Quindi, tenendo chiari i principi che hai scelto della tua migliore versione, adesso li andrai ad applicare alla postura.

Come sappiamo il corpo parla, e soprattutto il suo linguaggio viene percepito a livello subconscio, per cui anche se la persona non conosce il significato dei gesti del corpo però in maniera intuitiva riceve la comunicazione che il corpo trasmette.

Se noi siamo insicuri e affermiamo qualcosa, la persona percepirà l'insicurezza o la bugia. E se imparassimo a conoscere il mondo dei gesti potremmo impiegarli per il nostro scopo, per creare la nostra migliore versione, così come piace a noi sfruttando la conoscenza delle tecniche.

Qui ci vengono in aiuto i classici mentalisti, esperti del linguaggio corporeo. Adesso inizia il tuo lavoro di ricerca per vedere che posture e gesti utilizzerà la tua migliore versione.

È semplicemente questione di visualizzare e vedere come ti piacerebbe che il tuo corpo parlasse come tua migliore versione.

Per cui comincia a riflettere su questi punti cercando di definire con precisione tutti quegli elementi che ritieni importanti e trascrivili nel tuo quaderno:

- espressioni del volto (il sorriso, il riso, il broncio, il pianto ecc.);
- sguardo (deciso, fisso, vago, profondo, sereno, spensierato,

triste, amichevole ecc.);

- gesti (delle mani, delle braccia, asserzioni e negazioni ecc.);

- posture (le posizioni del corpo: eretta, distesa, rannicchiata);

- movimenti (calmi, veloci, fermi, tesi, aggressivi, provocanti ecc.);

- orientamento del corpo e del volto (fissare o evitare lo sguardo, voltare le spalle ecc.);

- contatto fisico (carezze, strette di mano, abbracci ecc.);

- distanze spaziali (che distanza interponi verso gli altri);

- intonazione della voce (sottolineature, uso dell'enfasi, scelta di un tono suadente, ostile, sereno, severo ecc.);

- pause e accelerazioni del parlare;

- atteggiamenti (durante momenti di nervosismo, di imbarazzo, di ansia, di attesa, di tristezza ecc.).

f) Il look di scena

Adesso affronteremo il tema look che comprende anche il modo di vestire, lo stile che scegliamo, i colori, anche i materiali, che comunicano all'esterno il nostro modo di essere, mentre a volte non diamo importanza a questo aspetto.

Spesso ci diciamo "Eh, perché io sono fatto così", ed è lecito come lo è nel momento in cui se decidi di cambiare per comunicare all'esterno il tuo cambiamento devi essere cosciente di che elementi utilizzare per farlo.

Per esempio, se ti vesti in maniera trasandata, magari indossi capi non stirati, o consumati, scoloriti, darai l'impressione di una persona che ha scarsa stima di sé, che non sa o non vuole valorizzarsi, che non merita eccessiva attenzione.

È anche vero che una persona eccessivamente e ossessivamente curata nell'aspetto comunicherà insicurezza, narcisismo, poca attenzione agli altri, egocentrismo. Per cui è importante trovare una via intermedia.

Cominciamo per esempio con i capelli. Sono uno specchio della nostra personalità. Lavarli spesso o no, tenerli lunghi o corti, trovare un taglio eccentrico o che passi inosservato, seguire i nuovi trend o essere sempre fedeli allo stesso taglio.
Sono tante le opzioni che possiamo scegliere. Importante decidere quale ci può essere utile nel momento in cui decidiamo di

esprimere una personalità. A volte non è facile, per cui consultarsi con uno specialista potrebbe essere utile.

È essenziale però che gli diamo le caratteristiche che il taglio deve rappresentare e trasmettere. Uno specialista saprà dare voce ai valori che volete trasmettere.

Il concetto è chiaro, comunque. I nostri capelli, il modo in cui li curiamo, lo stile, comunicano qualcosa verso l'esterno. Quello che vogliamo dire è che chi è attento al proprio look può, anche con l'aiuto di qualche esperto, influenzare in parte il modo in cui viene percepito dagli altri.

Quindi, in poche parole, si tratta di far chiarezza, prendere ispirazione, farsi seguire da un esperto che ti aiuti a interpretare il carattere che vuoi esprimere e soprattutto non copiare ma interpretare il tuo nuovo personaggio, affinché possa essere frutto della tua creazione.

Questo è l'aspetto finale ma non meno importante. Infatti l'abbigliamento aiuta molto a farti entrare nella parte.

Sicuramente avrai notato che quando indossi un abito o un vestito elegante i tuoi movimenti sono più accurati, più raffinati, mentre quando sei in pantaloncini e maglietta tutto il tuo corpo si muove in maniera più lasciva e rilassata.

Quindi, già sai che il look ha un ruolo determinante nella creazione della tua miglior versione.

Adesso esistono le figure di personal shopper che ti guidano nel comprare degli abiti che risaltino il tuo aspetto. È un lavoro molto psicologico perché avrai notato che non tutti riescono a portare ogni tipo di abito.

Devi lavorare prima sull'aspetto interiore di eleganza, di potere, di ammirazione per poi trasferirla all'esterno con un abito, un paio di scarpe o una borsa.

È quindi fondamentale che tu riesca ad associare tutte le caratteristiche della migliore versione che hai trovato a degli oggetti o capi o accessori da indossare, prestando molta attenzione anche al colore. Certamente questo influisce sulla comunicazione.

I colori sono un elemento fondamentale perché esprimono il carattere che sta dietro a una determinata persona. Se utilizzano toni intensi come il rosso, il giallo, l'arancione o il bianco esprimiamo un tipo di personalità forte e di grande stima in noi stessi.

Altri colori come il verde, il marrone e il blu rivelano il carattere di una persona riservata che non ama apparire. Il viola è un colore più mistico, adatto alle persone che esprimono sensibilità, normalmente si addice a un temperamento femminile.

Colori scuri come il nero possono comunicare messaggi di eleganza ma anche di riservatezza e a volte persino conformismo.

Quando ci si esprime attraverso il look, viene a galla il proprio grado di sicurezza, spontaneità e creatività.

Se vestiamo molto comodi e ci facciamo vedere così in pubblico con tute, jeans e felpe larghe, soprattutto di colori scuri, stiamo dicendo che ci vogliamo come mimetizzare e fare in modo che non ci vedano.

Spesso succede agli attori o agli artisti famosi di andare in giro tranquilli senza essere disturbati, e allora usano questo look per passare inosservati.

Indossare abiti aderenti significa avere una buona relazione con il proprio corpo che non per forza deve essere in forma. Questo dipende dalla visione che abbiamo del nostro stesso corpo.

Ad altri potrà sembrare offensivo, date le tante curve, per esempio, mentre la persona stessa si piace e si mostra, dando questa sensazione di accettazione e serenità.

Se poi si usano colori sgargianti con naturalezza è segno di disinvoltura e sicurezza in sé stessi.

La cura dell'immagine è fondamentale nel processo di trasformazione della tua miglior versione e va curata nei dettagli. Ovviamente dobbiamo anche tenere in considerazione il contesto in cui ci troviamo per cercare di trovare un look adeguato alle situazioni sempre con la chiarezza di ciò che vogliamo comunicare.

4.4. Come accettare i cambi.

Un compito importante che devi compiere per avere questa trasformazione è eliminare o prescindere da molti capi o oggetti che appartengono alla vecchia versione.

Questo perché come sai ogni oggetto ha un'energia e ha dei ricordi associati. Per cui tornare a utilizzarli se non sono più in sintonia con il tuo nuovo essere non ti fa beneficiare nel lavoro di trasformazione.

Eliminarli significa che puoi donarli, regalarli, fare spazio comunque e comunque allontanarli dal tuo intorno, senza remore. Il tuo atteggiamento sicuro in questo lavoro di pulizia è fondamentale.

Puoi anche farlo una volta che sei entrato all'interno della tua miglior versione e che sia lei stessa a occuparsene. Lo farà con meno attaccamento perché già non li sentirà propri e utili al suo fine.

Lo stesso possiamo fare con le relazioni. Ci sono conoscenze che già non hanno senso al fine di sviluppare la nostra nuova versione. Per cui anche qui dovremmo fare pulizia. Questo non significa sparire d'improvviso, semplicemente dedicar loro meno attenzione.

In più, l'energia segue un processo naturale per cui cambiando la tua vibrazione, in automatico tutte le persone che non sono sintonizzate sulla stessa si allontaneranno per magia.

A me è successo con amici che sentivo molto vicini e che sono spariti senza ragione così, all'improvviso, nel senso che non ho più saputo nulla di loro, proprio perché in me stava avvenendo questo cambiamento di vibrazione che non era più in corrispondenza con quell'altra persona.

Non sono sempre necessari dei fatti che ti portino alla rottura. Semplicemente avviene e non dobbiamo fare nulla se non accettare il fatto che stiamo cambiando e che altre persone di un'altra vibrazione prenderanno il loro posto.

4.5. *Come utilizzare le vibrazioni del colore.*

Anche il colore ha una sua vibrazione, per questo è importante sceglierlo con coscienza.

Approfondiamo quindi il tema del colore che sembra un punto interessante che potrai utilizzare per enfatizzare il tuo messaggio e la scelta è indispensabile.

È importante quindi che tu sappia cosa i colori trasmettono, per poter scegliere quale di più si adatta alla tua miglior versione. Se odi certi colori potrai scoprire il perché.

Rosso: è il simbolo del sangue e dell'energia vitale sia mentale sia fisica e si abbina al primo chakra, e simboleggia l'estroversione e la forza di volontà. Influisce sul battito cardiaco e sulla pressione sanguigna e stimola il nostro corpo accelerando i ritmi vitali.

Il rosso è quindi sinonimo di forte passionalità, di grande personalità e di fiducia in sé stessi. Inoltre, questo colore stimola la creatività e aumenta le capacità di autoconservazione.

Se scegli questo colore vuoi esprimere voglia di vittoria e di potere, esprimi molta energia, sei una persona d'azione, quasi in competizione con gli altri, capace di accettare le sfide e dare tutta l'energia per raggiungere il tuo obiettivo. È un colore che conferisce audacia e la voglia di lasciare il segno, di farsi notare.

Arancione è simbolo di armonia interiore, di creatività artistica e sessuale, di fiducia in sé stessi e negli altri, si trova tra il rosso e il giallo e si relaziona al secondo chakra. Adottare questo colore significa abbracciare la sensazione di comprensione, la saggezza, l'equilibrio e l'ambizione.

Vuol dire che sei una persona che affronta le avversità ed è capace di reagire positivamente agli stimoli esteriori. Le persone che scelgono questo colore lo fanno per esprimere vitalità ed energia per creare qualcosa di grandioso con dietro una pianificazione e una chiarezza saggia.

Esprime ottimismo, consapevolezza delle proprie capacità e fiducia in sé stessi. Chi predilige l'arancione ama con gioia e trasporto e generalmente si trova in perfetta armonia con tutto ciò che lo circonda.

Il *giallo* è abbinato al terzo chakra ed è simbolo della luce del sole ma anche della conoscenza e dell'energia. È il colore dell'amicizia, dell'empatia, dell'estroversione e della capacità di concentrazione.

Se scegli questo colore vuoi esprimere gioia, apertura alle novità che ti si presentano, grande immaginazione, vitalità con alti e bassi, da equilibrare. Dimostri di essere una persona aperta ai cambiamenti, piena di idee, che ti lanci, che hai molte aspettative circa ciò che succederà nel tuo futuro, e il cambiamento e la trasformazione sono la tua ricetta magica e ti appassionano le nuove esperienze.

Esprimi di essere un tipo di persona che adora essere attorniata da altre persone, che rifugge la solitudine, che per ciò vuole essere approvata, ammirata, accolta bene dal pubblico e questo, chissà, potrebbe essere il tuo punto debole.

Il *verde* è il colore del quarto chakra e con questo si vuole dimostrare un carattere perseverante e una conoscenza profonda di ciò in cui sei specializzato.

Puoi esprimere equilibrio, compassione e armonia; richiama il colore della natura per cui è amore per tutto ciò che è il rispetto delle leggi naturali e delle tradizioni. Con questo colore trasmetterai calma, serenità, senso di giustizia e grandezza d'animo oltre a conferire tenacia e perseveranza nel seguire i tuoi progetti.

Se da una parte esprime la tradizione, dall'altra manifesta anche una resistenza ai cambiamenti. Racchiude la quiete del blu e la forza del giallo per cui è come un'energia potenziale il cui punto forte è l'autocontrollo, che può scaturire in un controllo esteriore anche degli eventi e delle persone che ti circondano.

Solitamente scelgono il verde coloro che hanno una sorta di tendenza a sentirsi superiori a chi li circonda. Chi lo sceglie esprime una continua tensione a impressionare positivamente le persone, a fare bella figura in ogni caso e difficilmente accetta le critiche, tende alla perfezione e si adatta con difficoltà agli altri.

Azzurro. Associato al quinto chakra, è simbolo di prestigio, di lealtà e di idealismo, trasmette senso di pacatezza e di diplomazia. Sintomo di comportamento armonioso verso l'ambiente e le persone che lo circondano, molto fiducioso in sé stesso, possiede un'acuta capacità di riflessione.

È per persone che vogliono trasmettere un senso di profonda riflessione e controllo e che hanno cura per i propri affetti.

L'*indaco* è un colore che esprime molto il senso di spiritualità e risveglio interiore ed è relazionato al sesto chakra. Serve per dare un effetto rilassante, per persone che sono immerse in pratiche meditative. È il colore di una persona che guarda con occhio critico la realtà che la circonda. Una persona che è alla ricerca di armonia e che a volte si abbandona a stati di malinconia.

A volte è la tinta delle persone che non si prendono troppo la responsabilità delle proprie azioni e responsabilizzano gli altri dei propri malesseri.

Il *violetto* è un colore per coloro che desiderano esprimere il proprio amore e dedicarsi al prossimo. È collegato al settimo chakra ed esprime spiritualità, creatività, fantasia. Rende la persona che lo indossa seducente, ed esprime il forte desiderio di essere accettato e di piacere alle persone che lo circondano.

Denota persone che solitamente sono apprensive e impacciate, che amano essere trattate in maniera gentile ed esprimono molta emozionalità. L'arte e la natura sono elementi importanti per questa persona e il contatto con l'ambiente e con gli altri è fondamentale.

Il *blu* è il colore che denota armonia, equilibrio, calma, professionalità, unitamente alla capacità di far rilassare il proprio interlocutore e distoglierlo dall'ansia. Lo sceglie una persona che può aiutare a far trovare l'equilibrio.

Caratterizza una persona con sentimenti profondi, pacata e con una forte capacità di trovare il proprio equilibrio interiore.
È proprio di una persona che fa degli ideali la sua arma vincente e trova la stabilità grazie al proprio attaccamento alle tradizioni.
Piace a chi è predisposto al cambiamento e ama la tranquillità: per

questo tende a evitare ambienti particolarmente caotici e le persone iraconde.

Il *bianco* è un colore che li riassume tutti in sé e si posiziona agli antipodi del colore nero: infatti simboleggia il confine che segna l'inizio della fase vitale. Il bianco esprime speranza per il futuro, fiducia nel prossimo e nel mondo in genere.

Rappresenta lo stato di purezza e i nobili sentimenti e la voglia di cambiamento, evoca la spiritualità e la divinità. Questo colore, inoltre, è simbolo del paradiso e dell'eternità.
Tutti coloro che amano questo colore rivelano una spiccata tendenza al fatalismo, ma al contempo rende manifesta la loro creatività e immaginazione.

Chi preferisce il bianco ha un continuo desiderio di cambiamento e viene stimolato dalle novità che la vita gli presenta. Ha grande fiducia negli altri e nel futuro, e dà vita a progetti incredibili e a volte si crea molte illusioni.

Il *nero* è il contrario del bianco e assorbe tutti gli altri colori.

Rappresenta eleganza e capacità di adattarsi a tutte le circostanze. Infatti è un colore che si abbina con tutti gli altri e rimane sempre in evidenza.

Il *rosa* è il colore tipico dell'amore, conferisce passione e vitalità agli altri e a sé stessi. È il colore più femminile e ha la funzione di aumentare l'intuito nelle donne e mette gli uomini in condizioni di capirle al meglio.

Capacità di aprirsi al prossimo, di trasformare incomprensioni, di rendere tutto leggero, capacità di perdonare ed equilibrio nel dare e nel ricevere.

Si tratta di persone che amano con passione e abnegazione fino al punto a volte di annullarsi per l'altro. Si distingue anche la facilità con cui una persona che indossa questo colore entra in contatto con tutto quello che la circonda attraverso i sensi.

Il *grigio* vuole essere una via di mezzo tra il bianco e il nero ed è un colore che conferisce distacco e autoprotezione, è il simbolo di scelte ponderate, prudenza e senso di protezione verso l'esterno.

Tipico di una personalità che cerca di distaccarsi da contesti che gli possano procurare ansie e tensioni emotive, adattandosi poco al suo intorno con il rischio di essere messo da parte.

Il *marrone*. Alla fine risulta essere la sintesi ottenuta dalla combinazione del rosso che è vitalità e del giallo che è consapevolezza, mitigando insieme il senso di ribellione del nero, esprimendo emotività e sensualità, equilibrio, buona salute e bisogno di soddisfazioni sensuali.

Chi sceglie questo colore ha un costante bisogno di sentirsi bene con il proprio fisico ed è alla continua ricerca di armonia: è una persona positiva e soddisfatta della vita che conduce.

A parte scegliere il colore che va a rappresentare il tuo stile in dipendenza di ciò che vorrai comunicare, adesso devi vedere in dettaglio gli elementi che devono caratterizzare il tuo look.

Per questo devi fare una ricerca accurata partendo dai modelli che hai scelto e ciò che li distingue a livello di accessori, stile, elementi che chiamano l'attenzione, mixarli e vedere cosa può nascere di tuo gusto che ti possa rappresentare.

Tutti questi elementi ti servono come ispirazione, non per fare un copia e incolla come si dice nel linguaggio digitale. Sicuramente attraverso il tuo lavoro di immaginazione e seguendo il tuo istinto, riuscirai a visualizzare il risultato.

Per renderlo più facile ti aiuterò a farlo con una visualizzazione. Prima di farla dovrai aver finito il tuo lavoro di ricerca e avere ben chiari tutti gli oggetti e accessori e stile dei capi che i tuoi modelli ispiratori hanno adottato nel loro personaggio.

Se scegliessi modelli come Madonna o Lady Gaga il tuo lavoro potrebbe sembrare difficile perché sono personaggi in continua mutazione, però ciò che potresti fare è scegliere un tema e cambiarlo nei vari periodi della tua vita, per cui in questo caso comincia a focalizzarti su un loro tema che più attrae la tua attenzione fra i tanti, potendoti permettere col tempo di rifare lo stesso esercizio e reinventarti altre volte.

In fondo il lavoro del personaggio potrebbe durare all'infinito, dipende dalla tua creatività e dalla gioia di vita che possiedi per rimetterti sempre in gioco e cambiare.

Conoscendo la maniera di come questo gioco funziona, potrai utilizzarlo sempre per reinventarti. L'importante è che non esageri perché come sempre il troppo stroppia. Adesso, quindi, cominciamo la nostra visualizzazione. Sei pronto?

Visualizzazione di modeling.
Adesso chiudi gli occhi e fai un respiro profondo. Trova una posizione comoda e rilassata che ti permetta di stare al tempo stesso cosciente della visualizzazione che andiamo a fare insieme.
È importante che concentri la tua attenzione sulle respirazioni profonde. Vedere l'aria che entra dalle tue narici, che attraversa i tuoi polmoni riempiendoli fino agli alveoli.

Ti riempi di ossigeno e di energia ed espirando vedi l'anidride carbonica carica di tutte le impurità andare su e uscire dalle tue narici e senti questa sensazione di purificazione.
Ti concentri sull'inspirazione per riempirti di energia pura e sull'espirazione per svuotarti dei pensieri negativi di tutte quelle

emozioni pesanti accumulate che si liberano nell'aria.

Vivi questo processo di ricambio in maniera cosciente e presente.

Inspira. Espira. Inspira. Espira.

Adesso che sei in questo stato di rilassamento ti immagini all'interno di un ascensore e guardi i numeri dove compare l'indicazione del piano in cui ti trovi. Sei al piano 21. Pigia il tasto 0 e comincia la tua discesa verso la parte più profonda di te stesso.

21, 20, 19, e a ogni piano che vai scendendo vai entrando in uno stato di tranquillità, 18, 17, 16, senti che la Madre terra ti sta aspettando; 15, 14, 13, ti senti sempre più radicato e accolto, 12, 11, 10, il tuo corpo avverte questa sensazione di distacco e di liberazione.

9, 8, 7, la tua mente si va liberando, 6, 5, 4, il tuo cuore batte a un ritmo molto calmo, 3, 2, 1, sei arrivato. Si aprono le porte e ti trovi davanti la tua sala con al fondo un grande schermo di cinema e la tua poltrona e ti siedi comodamente.

Ti siedi nella tua poltrona e cominci a vedere proiettati nel grande schermo della tua sala cinema uno a uno i vari modelli che hai scelto. Vedi che appare il primo, e che rappresenta le caratteristiche per cui lo hai scelto. Lo schermo si fa sempre più grande e tu stesso ti proietti all'interno dello schermo.

Lo hai lì davanti per cui provi a metterti nei suoi panni e a sentire cosa si prova ad avere questa caratteristica. La provi sulla tua pelle. Come ci si sente?

Era come te lo aspettavi? Indaga circa quello che senti. Ti piace avere queste caratteristiche? Decidi di tenerle?

Adesso puoi ringraziare questa persona e lasciare il passo al prossimo modello. Lo osservi nell'attitudine o caratteristica che più ti piace e segui lo stesso processo di prima.

Entri in questo personaggio e senti come stai ad avere questa caratteristica dalla tua parte. Ti osservi. Tutto bene? Ti trovi comodo? Dove senti la differenza? Decidi di tenerla?

Adesso l'ultimo modello darà il passo. Quindi ringrazi il modello presente e dai il benvenuto a quello nuovo. Lo osservi nella caratteristica che tanto ti piace. Entri dentro di lui e la senti come fosse tua? Che sensazione provi questa volta? Come senti questa nuova caratteristica su di te? Sicuro che ti piace?

Adesso ringrazi il tuo ultimo ospite e ritorni nella tua poltrona. Molto soddisfatto. Ora hai potuto ottenere questi doni da parte di questi personaggi. Potrai ripetere la visualizzazione e invitare ad altri modelli per arricchire le tue caratteristiche desiderate. Adesso spegni lo schermo.

È arrivato l'ascensore. Ti dirigi verso di lui. Ritorni in superficie e senti una sensazione di pace e di tranquillità che ti riempie. Ti senti pieno di soddisfazione. Hai incontrato i tuoi miti e hai portato con te una parte di loro.

Ora abbandona questo stato di rilassamento mentale così profondo, e ricordati che ogni volta che lasci questi livelli mentali ti senti più rilassato, in linea con te stesso e con la vita, in armonia con tutte le persone che ti circondano. Sei in perfetta forma, tranquillo e sereno.

La testa e i muscoli del collo sono rilassati, lo sguardo concentrato, la pressione del sangue e il ritmo del cuore saranno perfettamente regolari e tutto il corpo sarà sano.

Quando aprirai gli occhi ti sentirai sveglio, in perfetta forma e salute, in armonia con la vita.

(Puoi scaricare la visualizzazione collegandoti al sito web: www.danidimaggio.com/visualizzazioni).

RIEPILOGO DEL CAPITOLO 4

- SEGRETO n. 1: tutti noi siamo esseri originali però allo stesso tempo siamo una sintesi di tutto ciò che ci circonda.

- SEGRETO n. 2: l'immaginazione è chiave per il cambiamento e quindi dedicheremo molto tempo a lavorare sulla visualizzazione e su come questa può diventare un'abitudine sacra per cocreare la nostra realtà.

  SEGRETO n. 3: cambia l'immagine del tuo Io e magicamente cambieranno il comportamento e la personalità.

- SEGRETO n. 4: il cervello crea l'immagine dell'Io come fosse un sistema programmato, che può essere con attitudine al miglioramento e al successo o al contrario all'insuccesso.

- SEGRETO n. 5: il sistema vibrazionale si focalizza su 7 punti: 1° – i pensieri; 2° – il tuo intorno; 3° – la musica; 4° – cose che vedi; 5° – un ambiente ordinato; 6° – la parola; 7° – la gratitudine.

- SEGRETO n. 6: il pensiero crea. È importante non generare pensieri negativi se non vuoi che questi poi si manifestino.

- SEGRETO n. 7: siamo la media delle 5 persone che più frequentiamo.

- SEGRETO n. 8: per vibrare in linea con l'universo ascolta

musica a 432 hz.

- SEGRETO n. 9: tutto ciò che vedi influisce dentro il tuo inconscio e sulla tua immaginazione per cui sii selettivo riguardo a tutto ciò che vedi.

- SEGRETO n. 10: "come è fuori è dentro. Come è dentro è fuori": questa è una legge universale per cui rispettala fino in fondo.

- SEGRETO n. 11: cura le parole che utilizzi perché sono un mezzo attraverso il quale creiamo la nostra realtà.

- SEGRETO n. 12: ringraziare fa aumentare la vibrazione del corpo, per cui prendi l'abitudine di dire grazie ogni giorno a ogni cosa che merita la tua attenzione.

- SEGRETO n. 13: la respirazione diaframmatica permette una respirazione più profonda e dà un maggior controllo dell'atto di inspirazione ed espirazione, e quindi più controllo a livello interiore.

- SEGRETO n. 14: nella comunicazione la parte della voce attraverso il timbro, il volume, l'altezza e il ritmo sono fondamentali per far giungere il messaggio. La maggior parte delle persone si concentra solo sulla parte verbale delle parole, che rappresenta solamente il 7% della comunicazione. Questo fa la differenza.

- SEGRETO n. 15: gli occhi sono lo specchio dell'anima e solo lavorando in profondità sulla migliore versione potrai essere credibile di fronte agli altri su ciò che vuoi esprimere dal tuo interiore.

- SEGRETO n. 16: la postura e la coscienza del movimento del corpo sono fondamentali per potersi assicurare che arrivi esattamente il messaggio che vogliamo esprimere.

- SEGRETO n. 17: è importante eliminare o prescindere da molti capi o oggetti che appartengono alla vecchia versione, perché ogni oggetto ha un'energia e ha dei ricordi associati al passato che non beneficiano nel lavoro di trasformazione.

Capitolo 5:
Come costruire il tuo piano di azione

"Il processo creativo dell'attore consiste nel rendersi conto che la maschera che porti non sei tu. Solo così sentirai la libertà di poter togliere la vecchia maschera e indossare la nuova, più in linea con il tuo sentire di adesso".

Carlos

5.1. Il racconto finale.

La nostra vita è un racconto, fatta di storie, di esperienza, di fatti giornalieri. Siamo soliti concentrarci sui fatti del passato o su ciò che vorremmo ci accadesse nel futuro.

Sappiamo che il tempo è solo un elemento convenzionale e che è possibile giocarci a nostro favore. Ecco perché adesso ti invito a seguire un passo che ti sembrerà anomalo e strano da eseguire ma che ti permetterà di concretizzare meglio tutto il lavoro fatto.

Si tratta di raccontare l'evoluzione della tua miglior versione parlando però al passato, come se tutto ciò fosse già accaduto.

Questo esercizio ti aiuterà a focalizzarti sui dettagli e vivere l'esperienza come già vissuta e vedere gli sviluppi prima che si possano compiere.

La bellezza di questo lavoro è che dando un'occhiata allo svolgersi dei fatti e degli episodi puoi sempre decidere di cambiarli prima che questi si verifichino.

Ti faccio l'esempio di Marta che ha utilizzato il metodo e che aveva tanta voglia di lasciare il suo lavoro di segretaria per seguire la passione della sua vita, che era quella di cantare.

Abbiamo fatto tutto il lavoro di creazione della sua migliore versione e lei si visualizzava come una cantante importante, dando concerti in vari posti del mondo, viaggiando tanto, permettendosi lussi che come segretaria non le piacevano.

Cominciò anche a vedere gli effetti che questo stile di vita comportava nella sua storia personale: intravide la crisi col marito, l'allontanamento delle figlie che si sentivano trascurate, si vide sola cambiando città da un albergo a un altro, cenando da sola e questa storia iniziò a non piacerle.

Allora volle rivedere la sua storia e si visualizzò insegnando canto ai bambini. Tra l'altro le sue bambine prendevano lezione nella sua classe e poteva passare più tempo con loro. Suo marito cominciò a vederla splendente e si riaccese come d'improvviso l'amore.

Inoltre molte mamme desideravano che i propri figli prendessero lezioni da lei perché vedevano degli ottimi risultati nei ragazzi che lei seguiva poiché si sentivano come valorizzati e lavorava sulla loro autostima.

Passò da essere cantante famosa a insegnante di canto per fanciulli nella sua città con un buono stipendio e tanta felicità e passione per la vita.

Vedi perché è interessante fare questo esercizio di scrivere il racconto di come si evolverà la tua storia, perché avrai il privilegio di riscriverla se poi non ti dovesse piacere.

Tra l'altro potresti anche vedere di immaginare vari scenari e poi scegliere quello che più ti aggrada. Questo dipana la tua immaginazione e ti fa volare in mondi sconosciuti che ti si aprono d'improvviso. Ti aprirai letteralmente all'infinito campo delle possibilità.

Completa allora questo esercizio prima di passare all'ultimo punto fondamentale della creazione della tua migliore versione.

5.2. Il film interiore.

Adesso possiamo cominciare finalmente a dar vita alla tua opera d'arte. Infatti abbiamo finalmente tutti gli ingredienti per creare la nostra grande torta, bisogna solo integrarli tutti insieme e far sì che abbiano l'equilibrio che garantisca il risultato eccellente che tanto desideriamo.

E come avviene in cucina, le prime volte il piatto sarà insapore o con una forma poco accattivante, però man mano che andremo facendo pratica diventeremo maestri specializzati, per cui non arrenderti alle prime prove, perché se questo è il tuo atteggiamento, allora sarà meglio non cominciare.

Per questo tipo di lavoro ci vogliono costanza, passione e soprattutto tanta voglia di divertirsi, perché se ti prendi troppo sul serio tutto si irrigidisce e finisce con lo spezzarsi, non trovi?

Prima di passare alla visualizzazione che ti permetterà di connetterti con la tua migliore versione, dobbiamo vedere alcuni principi importanti relativi alla creazione e implementazione della tua nuova personalità.

Innanzitutto dobbiamo renderci conto che quando vogliamo realizzare qualcosa, il cervello prima si focalizza su uno scopo (per esempio ho sete e voglio bere dell'acqua), poi si pone in azione per soddisfare il suo fine (mi muovo verso l'acqua nel bicchiere e la bevo) ponendo in azione alcuni meccanismi in automatico.

Noi non conosciamo a livello cosciente tutto ciò che il corpo muove per eseguire l'azione, perché va in automatico. Ci concentriamo sull'obiettivo, che è quello che devi fare tu durante il processo.

Focalizzarti sull'obiettivo e non porti domande sul come, quanto sul risultato finale, perché il tuo sistema interiore, che è saggio, cercherà di mettere in moto, in automatico, tutti i meccanismi affinché ciò si possa realizzare.

Detto questo, vediamo quali sono i principi base che dobbiamo seguire prima di immergerci nel lavoro di creazione dal vivo:

1.	Avere chiaro lo scopo. Dove voglio arrivare? Che tipo di personalità desidero interpretare adesso? Chi voglio essere da oggi?

2.	Aver fiducia in questo meccanismo automatico che si va innescando: man mano entriamo nella nostra migliore versione.

3.	Lasciati fluire e non preoccuparti di fare errori o di sentirti a disagio, perché sono sensazioni normali. Ricorda la prima volta che hai messo i tacchi a spillo o hai indossato una cravatta. Sicuramente non ti sentivi a tuo agio e oggi, se hai preso l'abitudine di indossarli, quasi non ci fai più caso.

Dai per scontato di fare errori, di sbagliare. Non cercare di non sbagliare anzi permettiti di farlo. Edison ogni volta che sbagliava nel creare una lampada, era contento perché diceva che aveva scoperto una maniera in più di come non fare una lampadina e lo fece per 1000 volte. E vedi il gran risultato? Così che anche tu puoi divertirti pensando a come non devi attuare per raggiungere il tuo scopo fino a quando lo raggiungi, e sarai in grado di sentire viva la tua opera d'arte.

4.   Avere fiducia nel tuo intuito e in ciò che ti guida dall'interno. Questo senso non fallisce mai e sempre ha una ragione di esistere. Solo lo scopri seguendolo. Evita quindi di bloccarti e sii fluido con tutto ciò che ti viene durante questo lavoro fatto, allo stesso tempo, di costruzione e adesso di messa a punto della tua migliore versione.

Ora, che hai ben definito tutti i punti della tua miglior versione, faremo un esercizio per arricchirlo ancora di più nei dettagli. Nell'esercizio del modeling hai scelto dei personaggi per farti ispirare sul lavoro per trovare delle caratteristiche che ti piacevano così da aggiungerle. Hai creato quindi questo abito facendo anche un bel mix che più si adattasse alle tue esigenze.

Adesso questo vestito ben confezionato lo facciamo provare ai vari personaggi. Ciò significa che adesso ti prendi un momento e provi a pensare come attuerebbe uno dei tuoi modelli. Che dettaglio gli aggiungerebbe? E poi a seguire tutti gli altri.

Sarà un bel modo per completare di ulteriori dettagli questa fantastica opera d'arte che presto andrai a indossare.

5.3. La trasformazione.

La TrasFormAzione è un processo per "Trasferirsi" verso una "Forma" desiderata attraverso l'"Azione". Per questo dobbiamo seguire dei punti ben definiti costituiti da 4 passi principali: compromesso, accordo, fiducia piena e azione.

Compromesso: è un ingrediente essenziale nel momento di operare un cambiamento. È questo elemento a darti la forza nei momenti difficili per andare avanti.

Questa accettazione piena porta a trasmettere questo messaggio ai nostri 4 corpi, soprattutto l'eterico, e ci vincola al risultato finale.

Accordo: rendiamo specifico il nostro compromesso con tutte le parti, per avere la certezza che l'intero sistema collabori alla realizzazione del nostro fine.

Questo mezzo ci assicurerà un risultato permanente perché eviterà i conflitti interni che si creano quando non tutte le parti e i sistemi vengono coinvolti.

Sto parlando anche dei 4 corpi – fisico, mentale, emozionale ed eterico – che devono andare mano nella mano con questo accordo unico.

Fiducia piena: è come camminare con gli occhi chiusi e affidarsi alle belle cose che ci possono passare ed essere disposti a fare tutto quanto sia necessario affinché ciò possa avere successo.

Azione: per passare dal sogno al successo dobbiamo agire, ed è qualcosa che possiamo fare a livello fisico e che ci avvicina al cambiamento. Se per esempio il tuo obiettivo è essere più aperto e non essere più così timido, però allo stesso tempo non ti piace stare molto in primo piano, allora la prima azione da fare è identificare i punti di te che attraggono le persone con l'obiettivo di renderti più socievole.

Così cominciamo a decidere le azioni da poter portare avanti con intenzione e con i risultati andremo verificando se siamo sulla buona strada.

5.4. *Il lavoro di dissociarsi.*

Per intraprendere il lavoro per transitare verso la migliore versione è importante fare un lavoro di dissociazione. Questo significa vedere la propria vita come se fosse un film, di cui conosciamo i fatti che però non ci appartengono più.

È un lavoro profondo che aiuta a prendere maggiore coscienza dell'essenza divina di ciascuno di noi, che ti permette di non pensare che sei il tuo corpo fisico, il tuo nome, la tua storia, il tuo lavoro ma che sei anche molto di più e che i fatti finora avvenuti sono solo storie, che conosci ma che non ti appartengono più nel momento che decidi di fare un cambiamento di vita.

Ecco perché ora faremo una visualizzazione che ti aiuterà a vedere la tua vita in una maniera nuova, più distaccata, dove tutto ciò che non ti perdoni, che ti imprigiona e ti impedisce di effettuare il cambiamento verso la nuova versione possa essere solo considerato un ricordo che già non ti appartiene e per cui non è più di ostacolo al nuovo personaggio che ci accingeremo a interpretare adesso.

Visualizzazione del perdono.
Adesso chiudi gli occhi e fai un respiro profondo. Trova una posizione comoda e rilassata che ti permetta di stare al tempo stesso cosciente della visualizzazione che andremo a fare insieme.

È importante che concentri la tua attenzione sulle respirazioni profonde. Vedere l'aria che entra dalle tue narici, che attraversa i tuoi polmoni riempiendoli fino agli alveoli. Ti riempi di ossigeno e di energia ed espirando vedi l'anidride carbonica carica di tutte le impurità andare su e uscire dalle tue narici e senti questa sensazione di purificazione.

Ti concentri sull'inspirazione per riempirti di energia pura e sull'espirazione per svuotarti dei pensieri negativi di tutte quelle emozioni pesanti accumulate che si liberano nell'aria.

Vivi questo processo di ricambio in maniera cosciente e presente. Inspira. Espira. Inspira. Espira.

Adesso che sei in questo stato di rilassamento ti immagini all'interno di un ascensore e guardi i numeri dove compare l'indicazione del piano in cui ti trovi. Sei al piano 21. Pigia il tasto 0 e comincia la tua discesa verso la parte più profonda di te stesso.

21, 20, 19, e a ogni piano che vai scendendo vai entrando in uno stato di tranquillità; 18, 17, 16, senti che la Madre terra ti sta aspettando; 15, 14, 13, ti senti sempre più radicato e accolto. 12, 11, 10, il tuo corpo avverte questa sensazione di distacco e di liberazione

9, 8, 7, la tua mente si va liberando, 6, 5, 4, il tuo cuore batte a un ritmo molto calmo, 3, 2, 1, sei arrivato. Si aprono le porte e ti trovi davanti la tua sala con al fondo un grande schermo di cinema e la tua poltrona e ti siedi comodamente.

Ti siedi nella tua poltrona e cominci a proiettare l'immagine di quegli episodi in cui hai commesso qualcosa che mai ti sei perdonato.

Cominci a osservare i fatti. Le persone coinvolte. Cominci a osservare da fuori l'energia che si spande. Cominci a vedere che in fondo tutto ciò aveva avuto un senso per la tua vita.

Cominci a vedere la lezione che hai appreso. Vedi gli errori che questa esperienza ti ha evitato. Puoi osservare che sei ancora in tempo per dare il meglio di te solo perdonandoti questo qualcosa che alla fine non fa più parte della tua vita e solo ti rimane da andare avanti nel migliore dei modi e questa è l'opportunità che hai per farlo.

Vai quindi dal tuo Io che sta nella scena e gli spieghi come stanno le cose e gli chiedi di perdonarsi. Ciò fa sì che questo episodio possa liberarsi e farti sentire più leggero. È semplicemente fantastico.

Hai compiuto la tua missione. Spegni lo schermo. È arrivato l'ascensore. Ti dirigi verso di lui. Ritorni in superficie e avverti una sensazione di leggerezza che ti riempie.

Ti senti libero dalle limitazioni del passato e capisci che già puoi vivere una nuova vita. Adesso puoi avvicinarti con maggiore chiarezza alla tua migliore versione.

Ora abbandona questo stato di rilassamento mentale così profondo, e ricordati che ogni volta che lasci questi livelli mentali ti senti più rilassato, in linea con te stesso e con la vita, in armonia con tutte le persone che ti circondano. Sei in perfetta forma, tranquillo e disteso.

La testa e i muscoli del collo sono rilassati, lo sguardo concentrato, la pressione del sangue e il ritmo del cuore saranno perfettamente regolari e tutto il corpo sarà sano.

Quando aprirai gli occhi ti sentirai sveglio, in perfetta forma e salute, in armonia con la vita.

5.5. *Cerimonia di iniziazione.*

Bene, andiamo a realizzare l'ultima visualizzazione che darà il risultato di tutto il lavoro fatto insieme. Adesso sì, dopo tante visualizzazioni, sarai già pratico per cui non dovrebbe costarti tanto lasciarti guidare.

I rituali e le cerimonie son antiche forme sciamaniche per accedere alle energie necessarie al cambiamento e fungono da ponte tra la realtà ordinaria e il mondo spirituale.

È importante utilizzare tutti i sensi, anche quello dell'intuizione e chiaroveggenza, andando più in là del fisico.

Per me sarà un gran piacere poterti accompagnare in questo ultimo viaggio verso la tua migliore versione, per cui cominciamo.

Potrai personalizzare il tuo rituale di iniziazione utilizzando gli incensi, le candele, gli aromi, in un luogo particolare per te. Dev'essere qualcosa di veramente speciale.

I passi sono: definire la miglior versione, entrare nel punto zero di reset, osservare la nuova versione, entrare nel punto di vista nuovo, rimanere nella realtà desiderata. Ti guiderò in questa magica visualizzazione finale.

Visualizzazione di iniziazione.
Adesso chiudi gli occhi e fai un respiro profondo. Trova una posizione comoda e rilassata che ti permetta di essere al tempo stesso cosciente della visualizzazione che andiamo a fare insieme.

È importante che concentri la tua attenzione sulle respirazioni profonde. Vedere l'aria che entra dalle tue narici, che attraversa i tuoi polmoni riempiendoli fino agli alveoli.

Ti riempi di ossigeno e di energia ed espirando vedi l'anidride carbonica carica di tutte le impurità andare su e uscire dalle tue narici e senti questa sensazione di purificazione.

Ti concentri sull'inspirazione per riempirti di energia pura e sull'espirazione per svuotarti dei pensieri negativi di tutte quelle emozioni pesanti accumulate che si liberano nell'aria.

Vivi questo processo di ricambio in maniera cosciente e presente. Inspira. Espira. Inspira. Espira.

Adesso che sei in questo stato di rilassamento ti immagini all'interno di un ascensore e guardi i numeri dove compare l'indicazione del piano in cui ti trovi. Sei al piano 21. Pigia il tasto 0 e comincia la tua discesa verso la parte più profonda di te stesso.

21, 20, 19, e a ogni piano che vai scendendo vai entrando in uno stato di tranquillità, 18, 17, 16, senti che la Madre terra ti sta aspettando, 15, 14, 13, ti senti sempre più radicato e accolto, 12, 11, 10, il tuo corpo avverte questa sensazione di distacco e di liberazione.

9, 8, 7, la tua mente si va liberando, 6, 5, 4, il tuo cuore batte a un ritmo molto calmo, 3, 2, 1, sei arrivato. Si aprono le porte e ti trovi davanti la tua sala con al fondo un grande palcoscenico di teatro e ti dirigi verso la tua poltrona e ti siedi comodamente.

Questa volta la sala è differente. È come se si stesse per preparare l'inaugurazione di un nuovo film stile Oscar. E ti rendi conto che tutti ti guardano, perché sei il protagonista del film che stanno trasmettendo.

Così che ti senti pieno di vigore nell'avvertire il calore e l'energia di tutte le persone che si sono presentate a questo grande evento.

Adesso hai tutti gli strumenti per poter esprimere la tua migliore versione. Cominci a fare lunghe respirazioni. Fai un check di tutti gli elementi necessari per la tua migliore versione.

Ricorda l'obiettivo che ti sei proposto per creare la tua migliore versione. Ricorda gli ostacoli che hai dovuto superare per arrivare fin qui. Richiama tutti gli strumenti che hai preso dai tuoi modelli.

Senti adesso come respira la tua migliore versione. Un respiro profondo? Rilassato? Che voce ha? Che tonalità? Parla veloce o lentamente? Com'è il suo sguardo? E la sua postura? Il suo look? Come si comunica con le persone. Richiama tutti questi elementi su di te.

Perché a breve andiamo in scena. Sono venuti da lontano per

vederti. Comincia il tuo show. Adesso si apre il sipario e ti chiamano su per raccontare la vita che desideri nella tua realtá.

Farai l'esercizio del racconto della tua vita nella nuova versione così come se l'avessi già vissuta. Tutti sono lì pronti ad ascoltarti. Comincia pure. Questo momento è per te.

Molto bene. Tutti ti applaudono con felicitá. Come ti senti? Come ci si sente a vivere dalla prospettiva della migliore versione? Adesso ringrazi il pubblico e ti dirigi verso l'ascensore.

Ritorni in superficie e senti una sensazione di felicità. Ce l'hai fatta. Hai raggiunto il risultato che desideravi. Adesso devi solo mantenerlo.

Ora abbandona questo stato di rilassamento mentale così profondo e ricordati che ogni volta che lasci questi livelli mentali ti senti più rilassato, in linea con te stesso e con la vita, in armonia con tutte le persone che ti circondano.

Sei in perfetta forma, tranquillo e disteso. La testa e i muscoli del collo sono rilassati, lo sguardo concentrato, la pressione del sangue e il ritmo del cuore saranno perfettamente regolari e tutto il corpo sarà sano.

Quando aprirai gli occhi ti sentirai sveglio, in perfetta forma e salute, in armonia con la vita.

(Puoi scaricare la visualizzazione collegandoti al sito web: www.danidimaggio.com/visualizzazioni).

Quando le prime volte comincerai a dar vita alla tua migliore versione, lascia che si esprima e osservala. Lasciale libertà. Semplicemente fungi da osservatore mentre lei prende vita attraverso di te.

5.6. Il piano di azione.

Adesso che hai completato tutti i passi necessari per creare la tua migliore versione e vai praticando affinché sempre più possa connettere con questa nuova versione ed essere sempre più naturale, è ora di creare un piano di azione.

Sì, di pianificare i passi. Un po' fare un riassunto di tutto ciò che hai immaginato nel passo in cui hai scritto il racconto finale, dove hai potuto verificare con prospettiva passata ciò che va ad accadere però adesso, giocando sempre con il tempo, ritorniamo al presente e comincia a fare un piano dettagliato di ciò che vuoi che succeda da qui a un mese, 6 mesi, un anno, 5 anni , 10 anni della tua vita.

Dove vuoi arrivare con la tua migliore versione? Ricorda che quanto più ambizioso sarà il tuo obiettivo, tanto più compromesso, allenamento ed energia dovrai mettere in tutto ciò che farai. Altrimenti non vale fantasticare se poi non attuaiamo di conseguenza.

Per creare un buon piano di azione scegli quindi questi orizzonti di tempo a breve medio e largo periodo e comincia a mettere obiettivi piccoli che ti portano a obiettivi grandi.

Potrai scegliere un piano di azione per ciascuna delle aree di intervento della tua migliore versione. Alcune potrebbero essere, per esempio:
•Salute

- Soldi

- Apparenza fisica e attrazione

- Relazioni

- Tempo

- Passione

- Spiritualità

- Beni e proprietà.

Aggiungi pure altre aree che ritieni importanti. Avere la chiarezza di dove vai in ciascuna delle aree importanti della tua vita è fondamentale. Potresti quindi da un lato mettere come stai attuando adesso nella tua versione attuale e accanto come andrai ad attuare secondo la tua migliore versione.

Carlos per esempio ci diceva che se volevamo recitare la parte di un malato mentale, dovevamo per esempio come primo obiettivo iniziare a leggere e vedere video sull'argomento. Una volta fatto questo, cominciare a connettere con persone che avevano questo tipo di problema, per conoscere da vicino questo mondo.

E come ultimo passo entrare nello stato e viverlo, trasformandoci in uno di loro. Una volta assorbito tutto ciò, cominciare a memorizzare la parte e attuare dalla prospettiva del personaggio che vive questo problema.

Siamo giunti alla parte finale del processo dove hai seguito i 7 passi per creare dettagliatamente la tua migliore versione e adesso tocca darle vita e non lasciare che tutto questo lavoro vada nel dimenticatoio.

Prova adesso a riepilogare tutti i 7 passi effettuati:

1. Obiettivo

2. Ostacoli

3. Modeling

4. Mentalità

5. Lavoro sul corpo

- *Il lavoro vibrazionale*

- *Il respiro*

- *La voce e il lavoro con le vocali*

- *Lo sguardo*

- *La postura e la gestualità*

- *Il look di scena*

6. Il racconto finale

7. Il piano di azione

Adeso puoi creare una mappa mentale che possa aiutarti a schematizzare e memorizzare meglio tutto il processo, perché lo possa avere sempre a portata di mano e sott'occhio, affinché non ti perda pezzi per strada.

Ecco come puoi facilmente costruire la tua mappa mentale. Prendi un foglio bianco, in orizzontale e nel centro scrivi il concetto base che vuoi sviluppare, come in questo caso "La mia migliore versione" o se le hai dato un nome, scrivilo pure, sarà più efficace.

Vai adesso a disegnare i 7 rami corrispondenti ai 7 passi che già conosci e che hai approfondito. Disegna il ramo e sopra scrivici la parola e se vuoi puoi fare anche un disegno per ricordarti.

Il ramo deve essere bello grande e utilizza meglio una sola parola, quella che ti colpisce di più l'attenzione. Nei sottorami vai inserendo tutte le specifiche che hai visualizzato in modo da averlo tutto sott'occhio.

Ogni ramo/sottoramo può quindi avere tante biforcazioni quante possono essere le idee correlate. Non ti preoccupare se alcuni rami hanno più sottorami di altri.

Puoi utilizzare disegni, colori, elementi creativi che ti aiuteranno a ricordare tutto il contenuto della mappa mentale che sarà da oggi la tua mappa del tesoro. Se utilizzi colori, usane uno uguale per tutto un ramo e sottoramo.

Cerca di sviluppare il lavoro di sintesi. Parole chiave, nulla di più.

Domande

Come faccio a portare avanti questo allenamento della mia migliore versione?

La cosa migliore è avere un libretto dove la sera annoti tutte le attività abituali che fai e come vuoi attuare in maniera cosciente con la tua migliore versione. Poi ogni sera verifichi quale delle azioni hai compiuto in maniera ordinaria o seguendo la tua migliore versione.

Nel primo caso fai l'esercizio di rivedere l'azione e di andarla a cambiare con la stessa visualizzazione che hai fatto per cambiare gli eventi del passato affinché questo nuovo atteggiamento possa entrare nel tuo uso abituale eliminando il vecchio.

Come faccio se la mia migliore versione ha delle capacità che io disconosco?

Possiamo trovarci di fronte al caso di attività che vanno al di fuori della nostra conoscenza. Per esempio, la mia migliore versione sa suonare bene il piano e io non ho idea. La prima cosa che dobbiamo fare è capire perché suonare il piano è importante.

Per esempio, perché mi trasmette classe, armonia, un tocco di stile e riesce ad ammaliare durante la serata i presenti. Quindi primo punto assicurati la ragione esatta per la quale vuoi raggiungere quest'abilità. Secondo punto sarebbe indagare le alternative che avresti per raggiungere lo stesso obiettivo.

Se quindi per esempio il mio obiettivo è risultare di classe e ammaliare, qualche altra alternativa potrebbe essere diventare un buon oratore, o saper intrattenere le persone con battute intelligenti, affascinare con la maniera di muovermi.

Tra tutte le alternative, scegli a questo punto quella che più ti sembra plausibile e raggiungibile nel breve tempo e focalizzati su di lei.

Fatto questo, comincia a fare una full immersion su questa attività. Per un tempo dedicati a fondo a questa abilità scelta e poi lasciati un tempo di "ozio" dove continui a livello mentale a esercitare questa abilità, però con un atteggiamento di rilassatezza.

Ciò farà sì che questa abilità possa inserirsi nel tuo interiore in profondità e venir fuori poi in una maniera incosciente.

È come studiare un pezzo al piano, mettere tanta fatica e tanto lavoro nell'apprendere la parte tecnica, per poi lasciare un tempo affinché questa si assesti e poi possa venir fuori senza che la parte cosciente se ne renda conto.

Non credere che il pianista quando suona in maniera sub-cosciente di ciascun piccolo gesto delle sue dita. Ha talmente allenato le dita che vanno da sole. Perdi la coscienza perché sei riuscito a innescare questo meccanismo che va in automatico.

Come quando apprendi a guidare la macchina, una volta che ti sei impadronito della tecnica puoi parlare, guardare intorno e tutto va in automatico, non hai più bisogno di stare attento a tutti i minimi passi come le prime volte.

Adesso hai capito bene come fare per integrare queste nuove abilità nella tua migliore versione. Soprattutto l'ingrediente più importante è l'assenza di sforzo una volta lavorata bene la parte tecnica e la padronanza del rilassamento che aiuta ad attivare la parte più incosciente.

Altro trucco molto importante è creare con tutti i dettagli il risultato che vogliamo ottenere e poi distaccarci dall'accanimento di raggiungerlo, nel senso che sappiamo che arriveremo a quel punto però senza darci troppa pressione.

La pressione, la preoccupazione sono emozioni che ci allontanano dal risultato. Per questo è importante saperle dominare.

Come faccio a giustificare questo cambiamento con le persone che mi conoscono?

Ci sono varie forme di farlo accettare. Il primo è essendo sinceri con le persone che ti circondano, annunciando che stai per fare questa trasformazione radicale e per poter essere maggiormente compreso potresti in tutta onestà condividere l'intero lavoro che hai fatto e addirittura chiedere alle persone che ti circondano di aiutarti in questo.

Si sentiranno coinvolte e il tuo obiettivo sarà il loro e tutto sarà più facile. Se ti tieni tutto nascosto le persone potrebbero dirti che stanno vedendo cose strane in te e si potrebbero sentire escluse dal tuo processo di trasformazione per cui se vuoi bene a queste persone ti suggerisco di renderle partecipi del tuo cambiamento, per non rischiare che non ti riconoscano, così come accade alla farfalla dopo il suo processo di trasformazione o rispetto alla sua versione originale.

Come posso richiamare la mia migliore versione quando voglio?

Spesso ti parlo di ancore per richiamare questo stato del tuo nuovo essere. Queste sono tecniche che in Pnl permettono di associarsi a uno stato e richiamarlo con un gesto, così che ogni qual volta ripetiamo questo gesto il cambiamento avviene in automatico.

Se ricordi bene l'esperimento di Pavlov sui cani, che ogni volta dava loro il pasto dopo aver suonato un campanello, dopo un certo numero di ripetizioni ai cani veniva l'acquolina in bocca ogni volta che suonavano il campanello per un discorso di ancoramento e associazione.

Cosa faccio se mi stanco di questa versione e vedo che ci sono elementi che non mi piacciono?
Questo processo di trasformazione non è statico ma dinamico. Questa è solo la fase iniziale del tuo viaggio verso la tua migliore versione.

Man mano che segui esplorando puoi riprendere tutti gli strumenti e rivederli e ricrearti sempre in maniera dinamica, perché hai appreso che non siamo la maschera ma l'attore principale che sta dietro la maschera e pertanto possiamo permetterci di assumere tutti i ruoli che ci piacciono, sempre col rispetto del tuo intorno, con un'intenzione di benessere per ciò che ci circonda, e da non intendere in maniera egoica che come sappiamo non porta alla pienezza dell'essere ma anzi ci allontana.

Come faccio se non riesco a fare tutto questo lavoro da solo?
Questo lavoro non è facile da realizzare da soli. Potresti aver bisogno di un esperto in abbigliamento che ti dia dei consigli a seconda dello stile che vuoi assumere, un consulente di immagine che ti dica i colori o lo stile del taglio di capelli che devi adottare.

Se invece il tuo bisogno è più profondo, per tutto il processo sai che puoi contare su di me e sui vari modi che io metto a disposizione per aiutare le persone a conseguire i loro risultati, in maniera online o presenziale.

Tutto dipende da quanto compromesso sei con questo obiettivo. Puoi contattarmi a info@danidimaggio.com per iniziare un processo di cambiamento con me.

RIEPILOGO DEL CAPITOLO 5:

- SEGRETO n. 1: l'esercizio di immaginare gli sviluppi della tua storia futura può aiutarti a comprendere cosa potrebbe non piacerti e cambiarli prima di realizzarli

- SEGRETO n. 2: per poter dar vita alla migliore versione sono necessari ingredienti come costanza, passione e divertimento in ciò che fai

- SEGRETO n. 3: per fare un buon lavoro di creazione sono necessari quattro elementi. 1) avere chiaro lo scopo; 2) aver fiducia nel meccanismo automatico; 3) fluire e non preoccuparsi degli errori; 4) aver fiducia nel tuo istinto.

Conclusioni

Questo secondo libro per me rappresenta un momento importante nel mio percorso di crescita personale e professionale perché va ad approfondire il punto del chakra 3 del primo libro, *Il viaggio interiore*, dove si parla di tutto un percorso di cambiamento interiore ispirato ai 7 chakra.

Credo che tutti questi siano materiali preziosi che davvero possono cambiare la vita di una persona se solo si lascia guidare. Tutta questa conoscenza la devo alla mia cara insegnante di teatro, Carmen Viva, a cui dedico questo mio secondo libro.

È una persona che ha segnato in profondità la mia parte artistica, nascosta dentro di me, e col lavoro di diversi anni a teatro mi ha aiutato a crescere come persona oltre che come artista.

Per cui, grazie a lei, oggi posso scrivere questo libro che accompagnerà la trasformazione di molte persone. Ha sempre creduto in questo mio progetto, sin dai lontani tempi in cui ero un manager e avevo questo grande desiderio di creare qualcosa di unico.

Quello che ancora mi mancava era la chiarezza di come questo progetto potesse prendere forma. Ho sempre avuto fiducia che tutto sarebbe arrivato a suo tempo e ho lavorato molto con pazienza, soprattutto da quando ho capito che il tempo è solo una nostra creazione mentale.

Da allora sono stato in grado di fluire con il ritmo che l'intuizione e l'ispirazione mandavano, senza accelerare o pretendere che tutto si realizzasse secondo i miei tempi. Ho appreso una grande lezione da Carmen: la perseveranza.

Seguire sempre in maniera instancabile il sogno senza rimedio, lottando a volte con le avversità che la vita ci pone di fronte perseverando nell'obiettivo.

Mi ritengo fortunato per aver incrociato durante il cammino della mia vita persone così speciali che mi hanno permesso di andare avanti e credere in quello che facevo.

Spesso ci diciamo di tenere i piedi per terra e di lasciare i sogni agli ottimisti. In realtà, scopri che i sogni sono l'unica vera realtà e che tutto il resto che comunemente chiamiamo realtà è un'illusione.

Così ti invito dal profondo del mio cuore a continuare a credere nel sogno che hai: perché prima o poi questo diventerà realtà.

Perciò è importante per me che anche tu possa compiere il tuo percorso di trasformazione. Sicuramente adesso sarai un po' scettico dei risultati. Ripeto, saranno necessari molto esercizio e divertimento, perché altrimenti diventa qualcosa di noioso, che non ti porta nella direzione giusta.

Adesso potresti seguire e continuare da solo a fare questo percorso o potresti decidere di farti seguire da uno specialista come me che può accelerare il processo di trasformazione e rendertelo più facile, più veloce e sicuramente più effettivo.

È per questa ragione che voglio offrirti la possibilità di avanzare nel tuo percorso di crescita e creazione della tua migliore versione attraverso vari strumenti.

Potresti per esempio decidere di fare il corso digitale con degli audio che ti vanno guidando passo a passo sulle strategie da fare comodamente in casa organizzandoti tu i tempi di ascolto e facendo la pratica.

Potresti decidere di partecipare a un evento presenziale, dove l'energia del gruppo e la forza dell'impressione dell'evento che lavora a livello emozionale possa imprimersi nelle tue cellule e farti fare un passo in avanti nel tuo percorso di crescita, e per questo puoi informarti sui prossimi eventi scrivendo a info@danidimaggio.com.

O se proprio sei un appassionato del cambiamento e vuoi assolutamente avere risultati immediati e duraturi, potresti pensare di realizzare un pack di sessioni individuali con me durante le quali via Internet possiamo approfondire tutti i punti in cui sei rimasto bloccato e avanzare in maniera celere ed effettiva.

Un'ultima possibilità che è riservata solo a pochi eletti è di trascorrere 3 giorni intensivi di trasformazione definitiva con me, per lavorare senza pausa al cambiamento.

Il problema di quest'ultima opzione è che poi i tuoi cari faticheranno a riconoscerti e accettarti, però lavoreremo anche sul tema mentalità, che è un aspetto importante per coloro che vogliono intraprendere questa strada del permettersi di decidere le esperienze che vogliono vivere a prescindere da ciò che il proprio intorno possa pensare o esprimere.

Voglio anche ricordarti che tutto questo processo mira alla creazione di una migliore versione e allo stesso tempo alla riaffermazione del fatto che siamo questo grande spirito incarnato in un corpo fisico, da qui l'importanza ogni giorno di resettarci attraverso la meditazione e la connessione con il nostro Sé spirituale che è l'attore che sta dietro le varie maschere dei personaggi e che è la fonte che ci dà energia e ci permette di vivere queste esperienze di vita, per cui non dimenticare mai di ricaricare le pile attraverso la meditazione e le tecniche energetiche che più senti appropriate per te.

Con questo ti saluto e spero di ricevere una tua mail o una recensione su Amazon o sulla rete sociale per poter seguire i tuoi progressi e conoscere le tue impressioni. Alla fine, tutto ciò che faccio non ha senso se non serve alle persone con cui vengo in contatto.

Grazie e a presto
Dani

N.B. Se ti è piaciuto questo libro e hai piacere a entrare in contatto con me, puoi scrivermi a info@danidimaggio.com e/o contattarmi al mio telefono +34.69.210.90.87.

Infine, per ringraziarti per essere arrivato fino a qui, ho deciso di farti un regalo che sono certo apprezzerai molto. Lo trovi al seguente link:

https://danidimaggio.clickfunnels.com/il-meglio-di-te-masterclass